人は、なぜそれを買うのか。
安いから、質がいいから。
そんなまっとうな理由だけで、人は行動しない。
そこには、より人間的で、深い原理が横たわっている。
この本には、その原理が描かれている。
漫画という娯楽の形を借りながら。

ヘンテコノミクス

原作
佐藤雅彦
菅俊一

画
高橋秀明

行動経済学まんが

ヘンテコノミクス／目次

この本の読み方

「ヘンテコノミクス」は、1テーマにつき1話完結の漫画（解説つき）が、
23話集まっています。漫画と漫画の間には、
テーマを深める読み物や経済学をネタにしたコマ漫画が入っています。

基本的に、読み進め方は自由ですが、3名の作者が、
各々推奨する読み進め方を挙げておきます。

佐藤式

23話のヘンテコノミクス（解説つき）とコマ漫画だけを一気に楽しむ。
そして、その後に、じっくり落ち着いて
「こんなところにヘンテコノミクス」などの読み物を読む。

菅式

基本、23話のヘンテコノミクス（解説つき）とコマ漫画を
どんどん読んでいく。しかし途中、気になる読み物は読んでもいい。

高橋式

飛ばし読みはしないで、頭から順に、ずんずん読んでいく。

——それでは、左ページの第1話から、お読みください。

第1話　「塀《へい》のらくがき」の巻

――アンダーマイニング効果

私たち人間は通常、報酬があるとやる気を起こします。
しかし、人間とは不可思議な生きもので、
時として、報酬によって逆にやる気をなくしたりします。
悪ガキどものいたずらに業を煮やした爺さんが取った行動は、
意外や意外こんなものでありました。

ヘンテコノミクス
行動経済学まんが 第1話「塀のらくがき」の巻
チュン
チュン
のんびりした いい日和 じゃのう
いったい 何じゃ、さては
あっ こごとのじじいだ
こごと有三《ゆうぞう》（76才）
コラァー!
悪たれどもめ！
ベェーだ
にげろー
はげじじい
うんこ
いくら 怒っても 言うこと きかんな
はげじじい
こごとの じじいの悪口かくと なんかすっきり するな
あいつ、憎たらしいよな
こんど 見つけたら ただじゃ おかんぞ
ゴシゴシ
あしたも いくか!
オーッ!

お、ひごさん
ひごうり彦（32才）
げいいい
こごとのおじいさん、浮かない顔してどうしたんですか
じつはな…
かくかくしかじかのうんぬんカンヌん
それは困りましたね
それはそれは下品ないたずら描きなんじゃ…
うんこ
だいすき
はげじじい
エロじじい
うーん
怒ってもますます喜んで描きおるなんとかやめさせる方法はないかのう…
いい考えがある！
次の日
今日はなにかくかなー
今日もこごとのじじいの塀におもいっきりいたずらがきしようぜ！
ウシシ

チミタチ!
わあっ
げっ!
ギャハハ!
ここどのおならくさい
チンコ
逃げんでいいいい
逃げんでいいいい
えー?
ブスババア
チンコ
これからはいたずら描きするごとにおこづかいをあげよう
こどもはいたずらするくらいが元気があってよろしい
え!
うそーー
ブスババア
ここどのおならくさい
チンコ
チミは、うんちも描いてくれたから100円
ヤッター
どんどん描きなさい
りょうかいの助!
あしたもやってくれよ、たのむぞー
はい、50円
ほんと?
次の日
よくやったね
わーい
次の次の日
ゲリっ腹
ウンココート
ごきじじい

報酬《ほうしゅう》が動機《どうき》を阻害《そがい》する
—アンダーマイニング効果

初めは自分たちが楽しむために
落書きしていた子供たちでしたが、
おじいさんからおこづかいを貰っている間に、
いつの間にか落書きをする目的が
おこづかいを貰うことに
すり替わってしまいました。

結果として、おじいさんから
おこづかいを貰えなくなったことによって
子供たちは落書きをやめ、
おじいさんは静かな暮らしを
取り戻すことができました。

このように自分が
好きでしていた行動（内発的動機）に、
報酬（外発的動機）を与えられることによって
やる気がなくなってしまう現象のことを、
「土台を壊す・弱体化させる」
という意味の言葉である
「アンダーマイニング効果」と呼んでいます。

—人間とは、かくも
ヘンテコな生きものなり。

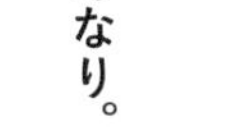

発見！こんなところにヘンテコノミクス

あの達人は、名誉や報酬が動機を阻害することを、既に知っていた

大リーグのイチロー選手は、かつて国民栄誉賞を辞退したことがある。しかも2回。その理由はこの記事を読んでもらえば分かる。

イチロー選手は、早すぎる名誉は、その後の動機を低減あるいは消滅させる恐れがあることを直感的に知っていたのだった。

国民栄誉賞 いりません

大リーグでシーズン最多安打の記録を達成したシアトル・マリナーズのイチロー選手が、政府から打診された国民栄誉賞の授与を断っていたことがわかった。細田官房長官が八日午前の記者会見で明らかにした。

細田長官は「本人のご意向を代理人のような方を通じて確かめたが、『国家から表彰を受けるとモチベーション（動機づけ）が低下するのではと懸念している』という意思が伝えられた。今回の授与は難しい」と語った。イチロー選手は、大リーグ初挑戦で首位打者などを獲得した二〇〇一年にも授与を打診されたが、辞退している。

2004年10月8日付「読売新聞（夕刊）」より

イチロー選手、再び辞退

国民栄誉賞

「発展途上」と

細田博之官房長官は8日午前の記者会見で、米大リーグのシーズン最多安打を84年ぶりに塗り替え、新記録を樹立したマリナーズのイチロー選手(30)から、国民栄誉賞受賞を辞退する意向を伝えられたことを明らかにした。辞退はこれで2回目。政府の非公式打診に代理人を通じ「まだ発展途上にある。今の段階で国家から表彰されると(野球に対する)モチベーションが低下するのではないか」との意向を伝えたという。

イチロー選手は、01年の大リーグ1年目にMVP（最優秀選手）を獲得した際にも「自分の野球人生を終えた段階でいただけたらありがたい」と辞退している。2度も袖にされたことについて細田長官は「今回の授与は難しい。今後へのさらなる飛躍の意思が強いようだ。決して将来にわたっていらない、との意思ではないと解釈している」と説明した。【中澤雄大】

2004年10月8日付「毎日新聞（夕刊）」より

イチロー国民栄誉賞辞退

「モチベーション受賞すれば低下」

細田官房長官は8日午前の記者会見で、大リーグ・シアトル・マリナーズのイチロー選手(30)が、国民栄誉賞授賞の打診を辞退した理由について、「本人は『今の段階で国家から表彰を受けると、モチベーション（動機づけ）が低下するのではないか』と懸念されている」と説明し、「国民栄誉賞の授与は今回は難しいかなと思っている」と述べた。

細田長官は「決して将来にわたって受けないということではないと解釈している」と語った。

2004年10日8日付「朝日新聞（夕刊）」より

第2話「安売《やすう》り合戦《がっせん》」の巻
——感応度逓減性《かんのうどていげんせい》

お金の価値は、いろんな状況によって変わります。
例えば、100円、200円という金額の違いは、
お昼ご飯を食べる時には、かなり気にする数字ではありますが、
もし車やマンションを買う場合では、無視してしまうような数字です。
同じ金額でも、どうしてこんなことが起こるのでしょうか。

行動経済学まんが
ヘンテコノミクス
第2話「安売り合戦」の巻
プスン…
あ
あ
どうやら長年使っていたドライヤーがこわれたようです
ひごうり彦
うり彦はたまたま家に遊びにきていた姪のとん子ちゃんと一緒に駅前の安川でんきにドライヤーを買いに行きます。というのも…
どれも
やや、やすい
今朝のチラシで
さらにオ
でんきは YASUKAWA
ここまでやるか
nanoドライヤー
丸さがちがう!!
もっところ
nano
衝撃特価 5,000円
New!!
頭マッサージ
前からほしかったドライヤーがセールで5000円だったのです
もうすぐ安川でんきに到着です
しかし、
その直前で…!
安川でんき
なんと、
駅の反対側にあるビッグ無線の社員がチラシを配っているではありませんか
安川でんき
激安
SALE
しかも…
300円安い!
日本最安 BIG ビッグムセン
TVでおなじみ! nanoなの〜♪
nanoドライヤー
4700円
30台限定
エアコン大寒波
寒いくらい安い!!
なんとビッ

北口
南口
ビッグ無線
安川でんき
遠くなるけど
いいよね？
ちょっと
うり彦は
駅の反対側の
ビッグ無線に行きました
nano ドライヤーなの
あっ！あったー
なんと 4,700円
うり彦は駅前の
アイスクリーム屋さんで
とん子ちゃんに300円の
ソフトクリームを買ってあげました
はい、プレミアムです
ワーイ
プレミアムソフトクリーム 300エン
はい、300円のおつりです
ビッグ
4,7 円
おいしいなー
トクしたなー
これで
ヘアースタイル
ばっちり

翌日、うり彦は長年 愛用してきたステレオでブラームスを聴こうとスイッチを入れると…
ガガガ
ギギギゴ
20年も使ってたのでさすがにこわれたようです
TOMATO SOUP
JOHN LEMON
そういえば
きのうの安川でんきのチラシの内側に…
ここまでやるか
でんきはYASUKAWA
nanoドライヤー
衝撃特価5,000
おお やっぱり
YASUKAWA
やりすぎ
ZONY スゴレゾ
な、なんと 195,000円
まさかの超衝撃特価
ZONY モバイルオーディオ
ZONY
オトバナナ
前からほしかったZONYのスゴレゾコンポがセールで19万5000円だったのです
今日もとん子ちゃんに買い物をつきあってもらっています
ところが安川でんきの直前でまたもや…
安川でんき
？
ビッグ無線の社員がチラシを
安川でんき
激安
SALE
そして、そこにはなんと
BIG 買っちゃえ!! 買っちゃえ!!
ZONYも最安!!
ZONY スゴレゾ
194,700円
これが限界だ!!
マジで赤字
安心保証200年
買わんといて〜
300円安い…
ん？
でもな…
安川でんき

母数《ぼすう》によって変《か》わる価値《かち》

—感応度逓減（ていげん）性

うり彦は、
4700円のドライヤーと
19万4700円のステレオ、
どちらも割引額は300円と
同じなのにもかかわらず、
ドライヤーの時は割引のために
駅向こうのビッグ無線まで歩き、
ステレオの時は
目の前の店で買ってしまいました。
つまり、5000円に対しての300円と
19万5000円に対しての300円とでは、
異なる価値判断をしたわけです。

このように、私たちは
全体の母数の大きさによって、
同じ金額を大切に扱ったり邪険にしたりと
勝手にその価値を変えてしまう場合があります。
そのような心の動きを
「感応度逓減（ていげん）性」と呼んでいます。

—人間とは、かくも
ヘンテコな生きものなり。

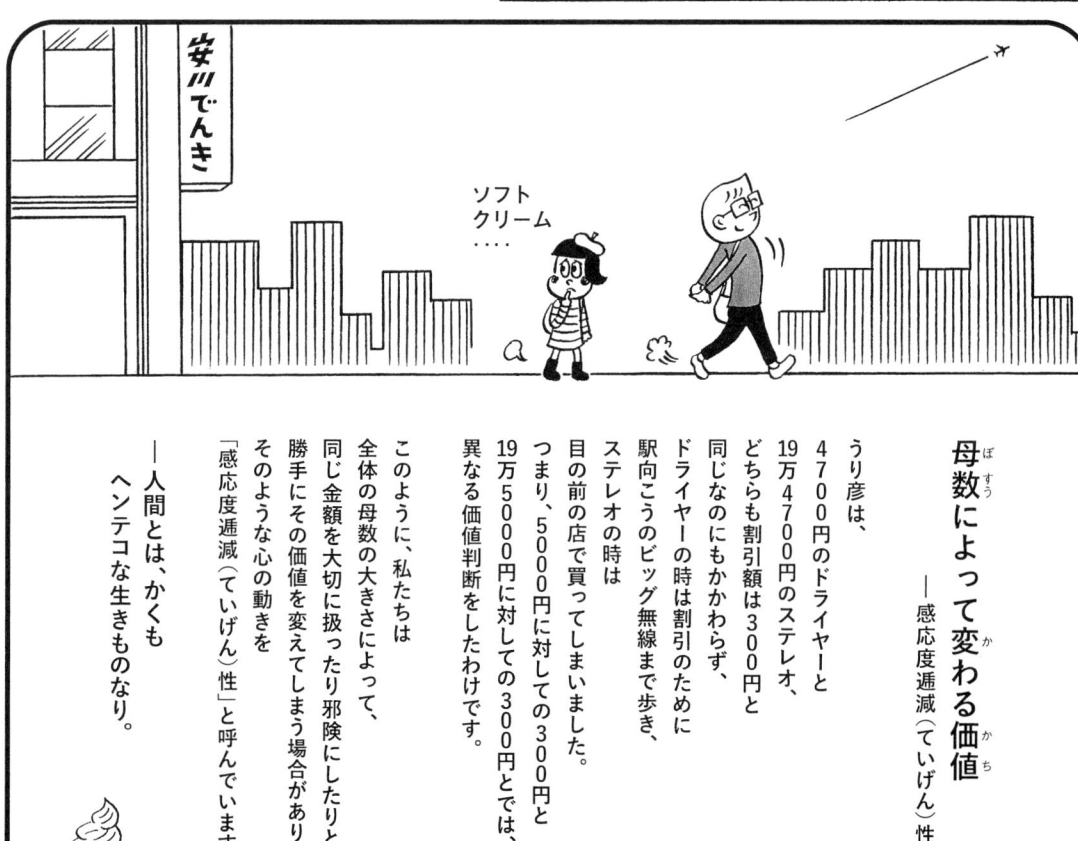

発見！
こんなところにヘンテコノミクス

宝くじの高額当選者だけに渡される冊子がある

宝くじの高額当選で莫大なお金を手に入れたために、急激にお金に対して極端に感応度が下がり、その結果、その後の人生までも壊れてしまうことがあるようです。

そのような不幸から当選者を守るために、宝くじを発行している自治体は、ある冊子を発行し高額当選者に配布しています。タイトルは「【その日】から読む本」。感応度が狂ってしまい、人生までも狂いだすかもしれない【その日】から読むべき内容になっています。

冊子には「当選金は、当面使うお金と残すお金に分ける」などといったまずやるべきことから、「ひとりでも人に話せば噂が広まるのは覚悟しよう」といった、大事な心得まで載っており、あまりにも多額なお金が人間の合理的判断を狂わす存在でもあることを示しています。

第3話「スーパーおしの」の巻
――フレーミング効果

店頭のPOPには、うまい文句が書かれていて、
つい買いたくなってしまうことがあります。
実は、この書き方の工夫次第で商品の魅力がガラリと
変わってしまうことがあります。
今回は、あるスーパーの跡取り息子が
店頭で奮闘するところから始まります。

ヘンテコノミクス
行動経済学まんが 第3話「スーパーおしの」の巻
ふぅー、これで完璧
押野弱《よわ》ひこ（23才）
※エンドを作れるようになればいっぱしのスーパー人だ
ケイコヤ potato Chips
来の製品の90%の油分を使用!! Healthy Life!!
ケイコヤ Potato Chips
※エンド＝売り場の陳列棚の端のこと
押野強三
妻・よね
強美
強江
弱ひこ
SUPER おしの
スーパーおしのグループは押野強三（ごんぞう）が40年前に始めた。弱ひこは、跡取り息子。この春大学を卒業し、スーパーおしのに入り、いちスタッフとして働いている。
なんじゃこれは
押野強三《ごんぞう》（67才）
従来の製品の90%の油分を使用!! Healthy Life!!
ばかもの
こんなこと書いたら売れるものも売れなくなってしまう!
この数字はまちがっていません
だからバカタレなんじゃ
じゃあ正解はなんですか…
これじゃ
10%…どうして
わしなら、こう書く

従来の製品より油分を10%カット!!
Healthy Life!!
おお　これなら買いたい！
ゴチン！
お前が買いたくなってどうする！こんなことじゃ跡はつがせんぞ！
イテテ
弱ひこ　今日、2度目のゲンコツ
なるほど　そう書くのか
おやじの奴だてに社長を40年
やってないな、よし、こんどはビール売り場だ
もうひと仕事がんばるか
こんどはビール売り場で
よし、これでカンペキっ
なんじゃそれは！
いまやビールはライトが受けてるんですお父さんみたいな昭和の人間には分かりませんよ
わしが怒ってるのはそこじゃない！
ビールも今はライトな時代へ　なんと97%水分
コレだ!!
こんなこと書いたら売れるものも売れねえよ！
父さん、この数字はまちがってません！
ばかたれ　これじゃ水を売ってるようなもんだろっ
WATER
じゃあ正解はなんですか？
みず
これじゃ!!
アルコール分3%　かなりライトな気分
おお　飲みたくなる！
自分で飲みたくなってどうする！
ゴチン
イテテ
弱ひこ　今日、3度目のゲンコツ

それから数日後
突然、
父、強三倒れる！
バタン！
だ、だれか、救急車を！
う～ん
ピーポー　ピーポー
ヘンテコホスピタル
とりあえず一命はとりとめる
ご家族の方、先生がおよびです
は、はい
どうぞ
トントン
至急の手術をおすすめします
そんなに心臓悪いんですか…
先生、その手術はどのくらい危険なんでしょうか？
う～む　私の経験から言うと20％くらいは助からないかもしれない
20％…
うーん…
死亡率、高いんですね…

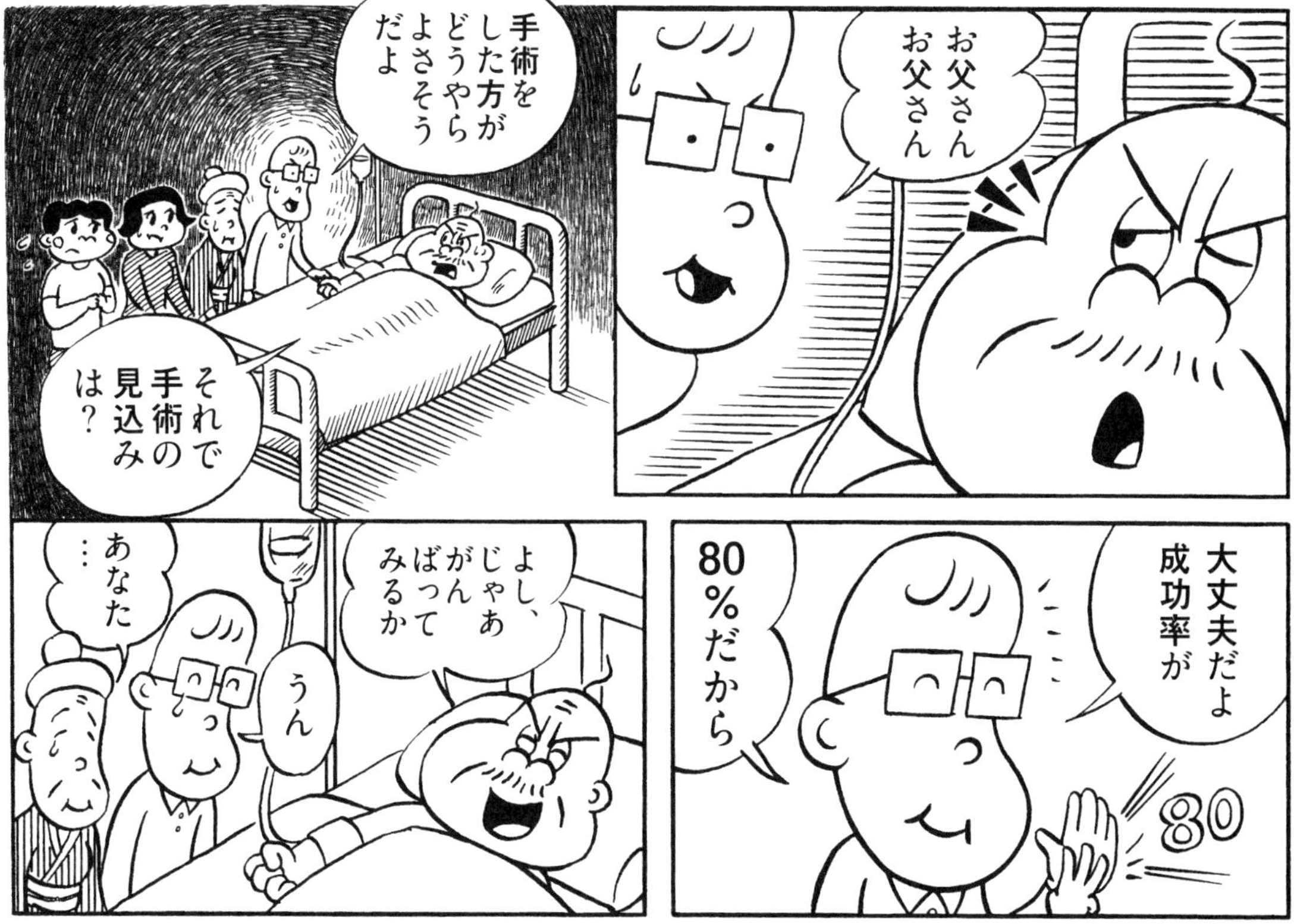

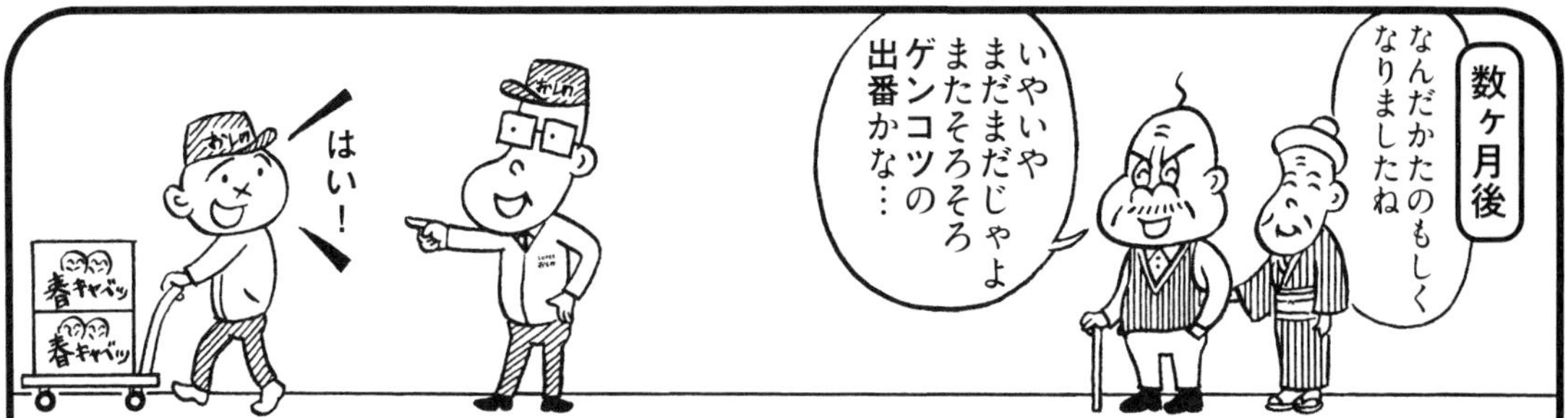

枠《わく》組《ぐ》みを変《か》えると価値《かち》が変《か》わる
—フレーミング効果

これまで、父親に怒られてばかりの弱ひこでしたが、最後には医師から言われた「死亡率20％の手術」という情報を「成功率80％の手術」と言い換えることで、ネガティブな情報をポジティブに変えて父親に伝えることができました。

このように、同じ情報でも言い方を変えると異なる印象を与えてしまう現象を「フレーミング効果」と呼びます。私たちは、目の前にあるものだけで直感的に判断してしまう傾向があるため、実は同じということに気づかず、提示の仕方によって印象を変えてしまうことがあるのです。

—人間とは、かくもヘンテコな生きものなり。

発見！
こんなところに
ヘンテコノミクス

あなたは、この自動販売機で飲み物を買いますか？

コカ・コーラ500円、いろはす500円。アクエリアス500円、綾鷹500円、ひとまわり小さい缶の綾鷹でさえ、400円。異常なほど高額なこれらの値段の数々、一体どうしたのでしょうか。映画館や遊園地や海水浴場などの閉ざされた遊興の地なら、足元を見たような少々高い値付けを経験したことはあると思います。が、それにしては高すぎます。**通常、150円のものが500円です。**3倍以上もします。もし、こんな自動販売機が、映画館や遊園地に置いてあったら、それだけで悪評が立って客足にまで影響を及ぼすことになるでしょう。

常識的に考えれば、こんな自販機、成立しません。しかし、この自動販売機が街の中という枠(フレーム)ではなく、次のフレームに置かれたとしたら、みなさん、どうお思いですか。きっと、納得するのではないでしょうか。

富士山の山頂

そうです、冒頭の写真は、富士山の山頂に置かれた自動販売機なのです。登山者が、山頂までのきつい登山道を自分の足を叱咤《しった》激励しつつ一歩一歩、歩んできた末に、この自動販売機が目の前に現れたら、どうでしょうか。体力も使い果て、持参した飲み物も飲み干した後にこの自動販売機が現れたらと想像してみてください。

地獄に仏、富士山頂に自動販売機なんて、なんと有り難いことかという気持ちになるのではないでしょうか。足元を見た感がまったくないとは言い切れませんが、富士山の山頂まで運ぶコストや過酷な自然環境下での維持費を考えると、この高い価格も納得の範疇《はんちゅう》にすっぽりと入ってくるのです。

枠組みが変わると価値が変わるというフレーミング効果はこんなところにも存在しているのです。

第4話「保《ほ》母《ぼ》さんの名《めい》案《あん》」の巻

――社会を成立させているのは、モラルかお金か

私たちは、社会のルールを守ろうという気持ち（モラル）を持って生活していますが、思いも寄らぬことから、そんな気持ちが消滅してしまうことがあります。多くの子どもたちを預かるヘンテコ保育園では、お迎えの時間をめぐってある事件が起こります。

行動経済学まんが
ヘンテコノミクス
第4話「保母さんの名案」の巻
キンコーン♪
カンコーン♪
はーい！みんな集まってー
6時になりました
ママたちがお迎えにきてますよー
わーーい
いい子にしてた？
おなかすいたー
さようならー
また明日ね
それにしても、いつもあの4人ばかり残るわね
そうねえ…
スミマセ〜ン
もっと早く来てよー
すみません
おなかペコペコ
すいませ〜ん
LOVELY
はらぺこー
ママだって早く来たいんだけど
スイマセン
ママーおそいー
残業あったのよー

スミマセン
私たちに対してすいませんは必要ないんだけどね…
でもどうしたものでしょうかね、毎日これじゃみんなまいってしまうわ
ヤレヤレ
園長！私たちにいい考えがあります！
これはいい考えだわ、このメールを読めばきっと遅刻はなくなるわ
当園では、6時を過ぎてお迎えに来られました場合は、超過料金500円を頂くことにしました。
ヘンテコ保育園
これで明日からは あの子たちも6時に お迎えがくるわ
次の日
？。
園長、大変です！
お迎えに来ていないお母さんたちがいつもよりも多いです！
ガーン…
ワァー
ワー
ワー
ワァー
ワー
ワァー
ワァー
ワー
う――――ん
どうしてこんなことに？
ここで、この問題をお母さん側からの視点で見てみましょう
問題

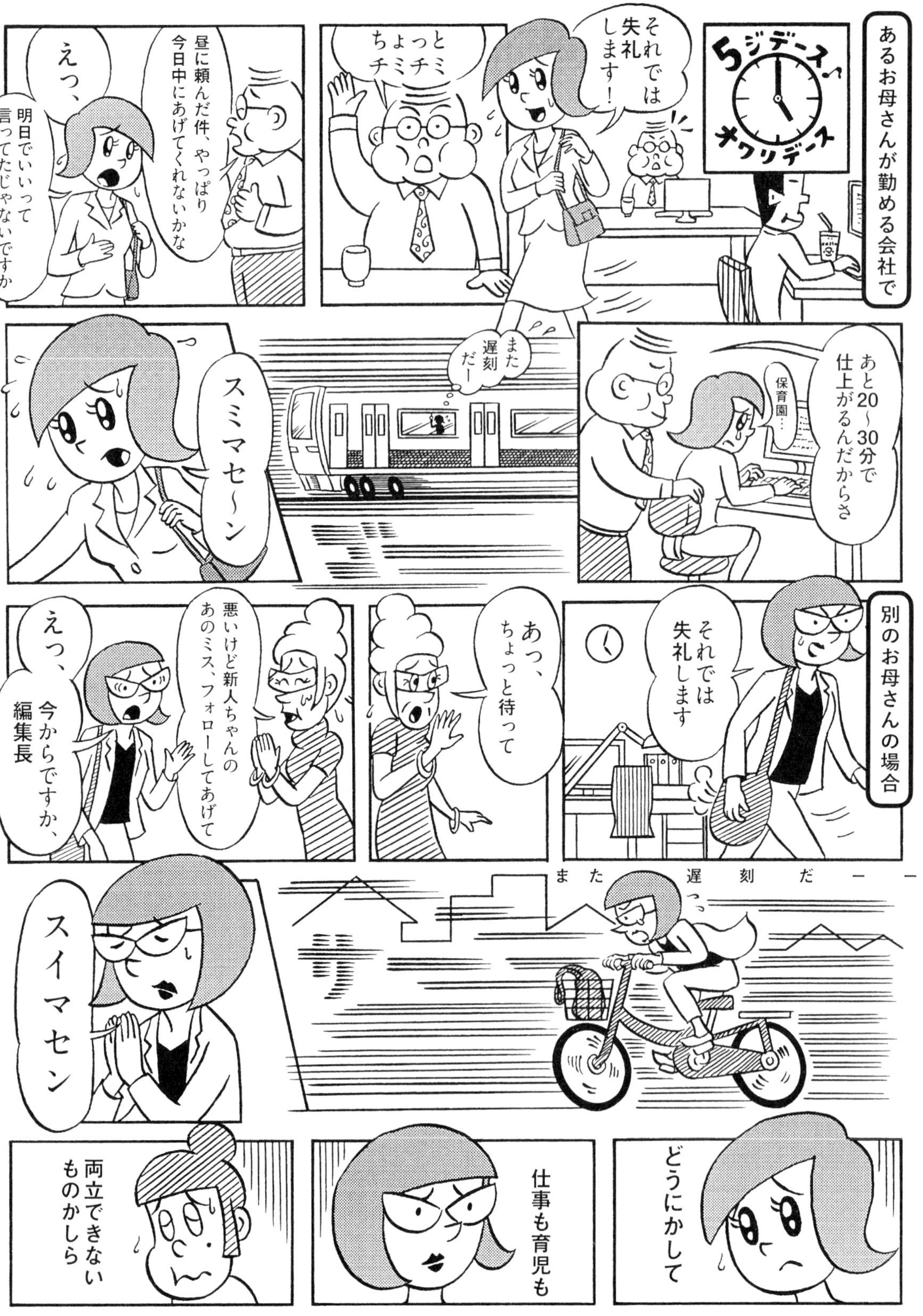
あるお母さんが勤める会社で
5ジデース♪
オワリデース
それでは失礼します！
ちょっとチミチミ
昼に頼んだ件、やっぱり今日中にあげてくれないかな
えっ、
明日でいいって言ってたじゃないですか
あと20～30分で仕上がるんだからさ
保育園…
また遅刻だー
スミマセ～ン
別のお母さんの場合
それでは失礼します
あっ、ちょっと待って
悪いけど新人ちゃんのあのミス、フォローしてあげて
えっ、今からですか、編集長
また遅刻だーー
スイマセン
どうにかして
仕事も育児も
両立できないものかしら

罰金《ばっきん》による罪《つみ》の意識《いしき》の軽減《けいげん》

―社会を成立させているのは、モラルかお金か

園長先生たちは、度重なるお迎えの遅刻をなんとかするために、超過料金制度、言い換えるとある種の罰金制度を導入しました。

しかし、その制度の導入が、お迎えの際に「お金を払えば遅れても大丈夫」という意識の変化を引き起こしてしまいました。

つまり、罰金を導入する前は、遅刻を「申し訳ない」と思う社会的なモラルがあったわけですが、「罰金」という具体的なペナルティが提示されたことで、その意識が消滅したわけです。

―人間とは、かくもヘンテコな生きものなり。

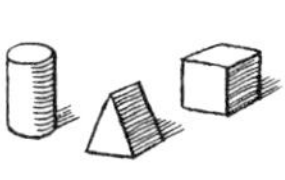

餅ベーション

【モチベーション(motivation)】 人が何か行動を起こす時に、やる気を促す原因のこと。

第5話「心《こころ》の会計《かいけい》」の巻

――メンタル・アカウンティング

お金やモノの価値は状況によって変わります。

例えば、こつこつと働いて貯めた100万円と宝くじで当たった100万円とでは、同じ100万円に対しての思いは大きく異なります。

今回は、うんのなさ夫、角田《かくた》龍之介、多部たい子という3人の登場人物が遭遇した3つのヘンテコな事例を紹介します。

いずれのエピソードも皆さんならどう感じるかを考えて、読んでみてください。

（※よく考えると、実はどちらも同じ5000円の損失です）

心の会計 ケース2
あっ！ヘンテコの森出てる！
やった！
注目の新刊!!
角田《かくた》龍之介
新聞社勤務（32才）
3500円になります
ハイ！
Book
早く帰って読むのたのしみ
ワクワク
Book
すると…
401 丸井
301 角田
んっ！荷物届いてる
なんだろ？
開けると、なんとさっき買った本がありました
えー
どうやら名刺交換をしたことのある編集者が送ってくれたみたいです
同じ本が2冊か…
どうしよう…
そういえば後輩の星ガリ彦が
ヘンテコの森、すこぶるたのしみです〜
あの本、実は一冊余ってるんだけど、いる？
はい！すこぶるほしいです〜
さて、ここで質問です
あなただったらどっちの本をあげますか
自分で買った本
献本として送られてきた本
先輩、すこぶるわるいですね〜へへへ

心の会計 ケース3
あれ？
多部たい子 OL（23才）
たい焼 150えん
たい焼きを買おうとした時、たい子は気づいた
財布がないっ!!
きっとさっき本を読んでいた公園のベンチでケータイを出した時に
落としたのかも…
たしか財布の中には一万円札と
小さく折りたたまれた五百円札が入っているはず…
あの古い五百円札は…私が小学校に入学した時おばあちゃんにもらったおこづかい
ノートでも買いな
その後おばあちゃんはすぐ亡くなってしまったから、ずっと使えずお守り代わりに入れておいたのに…
とにかく公園へ急がなくちゃ…
あのベンチだ!
ベンチ公園
あ、あった〜

さて、読者のみなさんに質問です

下の2つの場合なら、どちらであってほしいですか？

財布は見つかったけど中身は…
ドキドキ…
五百円札はないが、一万円札は無事
一万円札はないが、五百円札は無事
よかった〜〜っ

ヘンテコの森

心《こころ》の中《なか》で、お金《かね》の価値《かち》を計算《けいさん》する

—メンタル・アカウンティング

これまでの経済学の考え方では、五千円のチケットと五千円札は同じ価値。同じ新品の本なら買っても貰っても同じ価値。一万円札と五百円札だったら当然、一万円札の方が価値が高いとされています。

しかし、今回の話を通じてみなさんは同じ五千円を失うのでも、もう一度チケットを買い直す方が損をしたように感じたり、同じ本をあげる場合でも、自分でお金を出した方が大切に思えたり（これは贈ってくれた相手との関係にも左右されます）一万円札より五百円札の方に価値を見出す場合を実感されたのではないでしょうか。

私たちは無意識のうちに、入手方法や状況に応じて本来の金銭的価値とは異なる独自の優先順位を付けることがあります。このような心の働きを、行動経済学では「心の会計（メンタル・アカウンティング）」と呼んでいます。

—人間とは、かくもヘンテコな生きものなり。

財布の中にある「使えない五円玉」

写真に写っている五円玉は、「福銭（ふくせん）」と呼ばれるもので、「ご縁」と「五円」を掛けたお守りとして、よく神社などでお正月に配っています。普段は財布の中に入れることで、「お金が貯まる」「良きパートナーに巡り合う」などのご利益を願います。

同じ五円玉でも、リボンをつけ、神社からもらうと、私たちは「お守り」として捉えてしまいます。例えば、買い物をした時に「小銭があと五円足りない」という状況になっても、さすがにこの福銭を使おうとは思いません。

本来の金銭的価値と異なる価値を見出してしまう、心の会計（メンタル・アカウンティング）の例は、こんなところにもあるのです。

第6話「はじめての背徳《はいとく》」の巻

——アンカリング効果

セレクトショップ一筋の中野光が、
値段も内容も同じネクタイにも拘《かか》わらず、
いつもの大好きなお店ではなく、
別のお店で購入を決めた理由とは…。

行動経済学まんが
ヘンテコノミクス
第6話「はじめての背徳」の巻
おっ いいネクタイだな
セレクトショップ大好き 中野光《ひかり》（31才） 商社勤務
光は、会社帰りに立ち寄ったお気に入りのセレクトショップアルベルトでとても気に入ったネクタイを見つけた
さすがアルベルト！
アルベルトは光が一番大切にしているショップであった
しかし
ゲッ！高い 15000円！
一応隣のジーノも見てみるか…
アルベルトの隣には同じくセレクトショップのジーノも並んでいた
するとナント！
ナント市
フランス
地中海
おおっ
同じネクタイがある！
たまたま全く同じ柄の、イタリアのメーカーのネクタイが売られているではありませんか
そして恐る恐る値札をひっくり返してみると…
事もあろうにアルベルトより5000円高い、20000円だったのです
なにいいい！ジーノごときがなまいきな…
¥20000
しかし光にとっては、15000円も20000円もネクタイとしては高すぎます
¥15,000

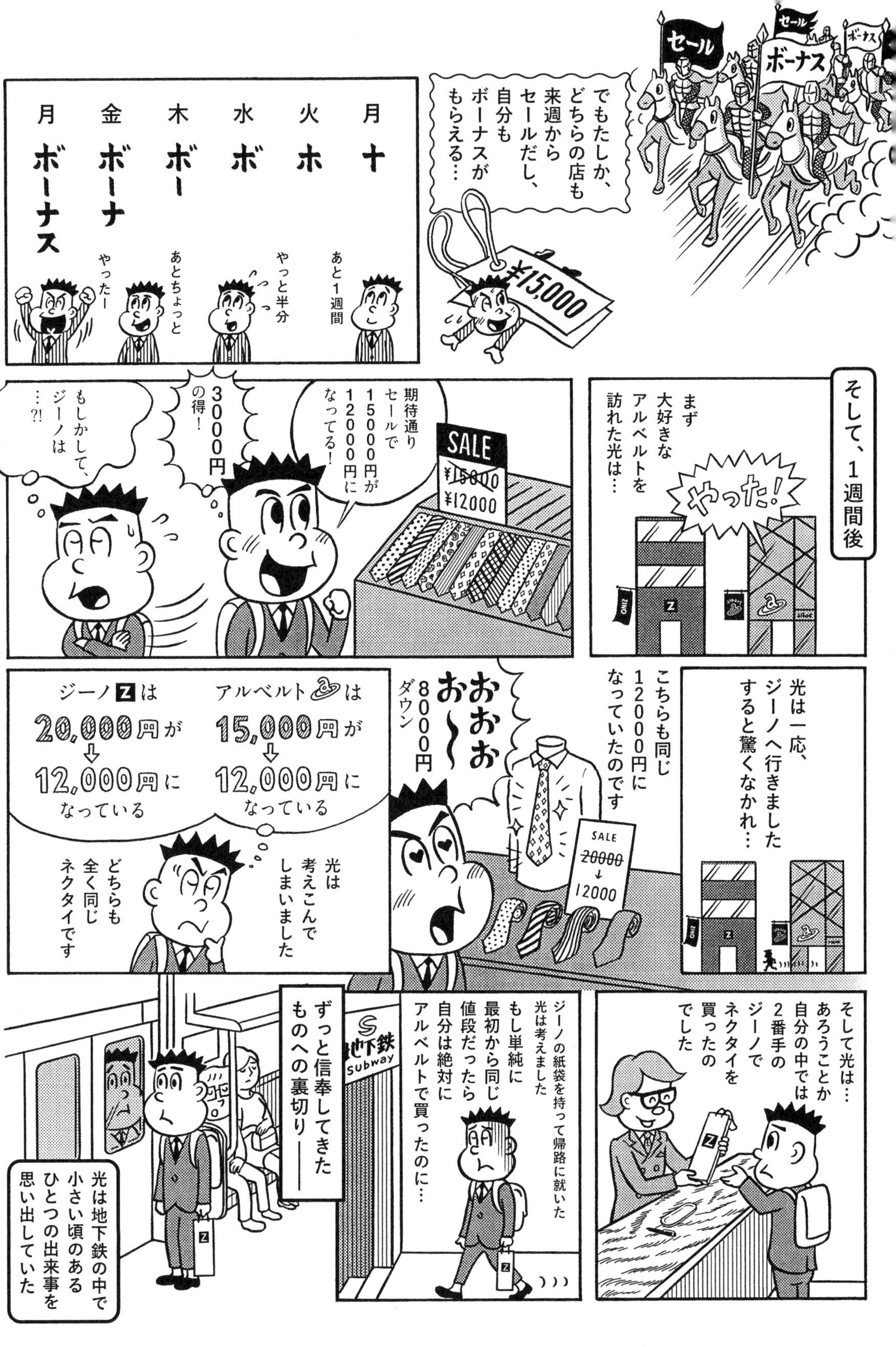
セール
ボーナス
セール
ボーナス
でもたしか、どちらの店も来週からセールだし、自分もボーナスがもらえる…
¥15,000
月 十
あと1週間
火 ホ
やっと半分
水 ボ
木 ボー
あとちょっと
金 ボーナ
やったー
月 ボーナス
そして、1週間後
まず大好きなアルベルトを訪れた光は…
やった!
SALE
¥15000
¥12000
期待通りセールで15000円が12000円になってる!
3000円の得!
もしかして、ジーノは…?!
光は一応、ジーノへ行きましたすると驚くなかれ…
こちらも同じ12000円になっていたのです
SALE
20000
12000
おおお〜
8000円ダウン
ジーノZは
20,000円が
12,000円になっている
アルベルトは
15,000円が
12,000円になっている
光は考えこんでしまいました
どちらも全く同じネクタイです
そして光は…あろうことか自分の中では2番手のジーノでネクタイを買ったのでした
ジーノの紙袋を持って帰路に就いた光は考えました
もし単純に最初から同じ値段だったら自分は絶対にアルベルトで買ったのに…
ずっと信奉してきたものへの裏切り——
地下鉄
Subway
光は地下鉄の中で小さい頃のあるひとつの出来事を思い出していた

20年前
中野光 小学5年生
光には、大の仲良しが2人いて なにをやるにも一緒でした
塾も
野球も
ゲームも
そして3人がひいきにしていたお店は、だんぜん駄菓子屋 なかよし屋
Cola Cola なかよし屋 3485-463X
店先にはガチャガチャ
串イカ
ひもくじ
ラムネ
のむね♪
カステラ団子
そしてなにより、チョコレートもキャラメルも定価120円のところをいつも20円まけてくれて100円
最後はちょっと口うるさいおばちゃんでありました
ゴミ捨てるんじゃないよ!
ちょうどその頃、駅前にしゃれたお菓子店ができました
しかし3人は…
confectionery Sweet Dream
やっぱなかよし屋でしょ
だって、チョコもキャラメルも100円だぜ!
だよね
おばちゃんうるさいけどね
ところがなんとある日…
日本海
富山県
なんと南砺市
なに?!
今日、駅前のSweet Dreamでチョコが100円なんだって!!
いこー!いこー!
3人が半信半疑で
そのしゃれた店に入って
信 疑
目にしたのは…
なかよし屋と同じチョコが…
Special Thanks Week
あ〜

基準《きじゅん》が判断《はんだん》に影響《えいきょう》を及《およ》ぼす

―アンカリング効果

光はネクタイを
15000円から12000円に値引きした
大好きなアルベルトではなく
20000円を12000円に値引きしたジーノで
買ってしまいました。

同じように光少年は、
いつもチョコが100円で買える駄菓子屋さんより、
セールで120円が100円になった高級お菓子店で
買った方が得だと思ってしまいました。

私たちは、同じ価格の同じ商品でも
基準となる情報に左右されて
価値の大小を判断してしまうことがあります。

このような非合理な判断をしてしまうことを、
行動経済学では基準をアンカー（錨《いかり》）にたとえて
「アンカリング効果」と呼んでいます。

今回の場合は「普段の価格」がアンカーとなったため、
たとえ同じ値段であろうと、
いつも高い値付けをしている方が
差額の分だけお買い得に見えてしまったわけです。

―人間とは、かくも
ヘンテコな生きものなり。

文豪タヌキのアンカリング効果

同じ3日でも、大きく評価が変わる。

第7話「　　　　　　」の巻

――代表性ヒューリスティック

文字だけの漫画を試みてみました。
絵を見ずとも限られた情報だけで、
どんなストーリーが繰り広げられているのか、
分かるものなのでしょうか。
まずは、読み進めてください。

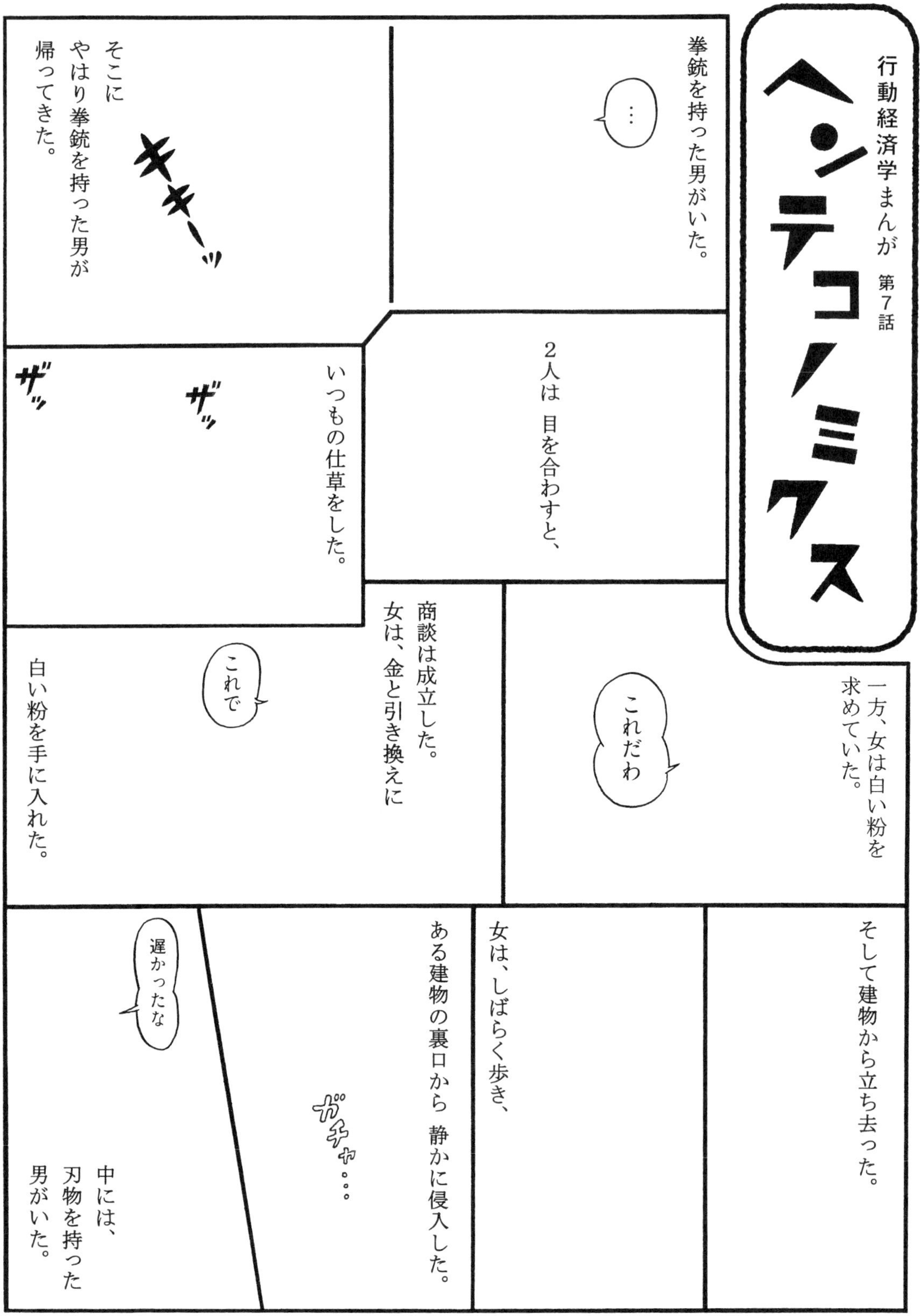
行動経済学まんが
ヘンテコノミクス
第7話
拳銃を持った男がいた。
…
そこに
やはり拳銃を持った男が
帰ってきた。
キキーッ
2人は 目を合わすと、
いつもの仕草をした。
ザッ
ザッ
一方、女は白い粉を
求めていた。
これだわ
商談は成立した。
女は、金と引き換えに
これで
白い粉を手に入れた。
そして建物から立ち去った。
女は、しばらく歩き、
ある建物の裏口から 静かに侵入した。
ガチャ…
中には、
刃物を持った
男がいた。
遅かったな

女は男に目配せすると、

鞄の中から白い粉を取りだし、

ドサッ

男に渡した。

男はほくそ笑んだ。

上物だな

しばらくすると、さきほどの拳銃の男が

ガチャ

やってきた。

例のやつを2つ、

いつもの

拳銃の男は言った。

男は慣れた手つきで品物を用意する。

拳銃の男に金と引き換えに品物を手渡した。

拳銃の男が

再び戻ってくると

そこには、やはりもう1人の拳銃を持った男が

…

身じろぎもせず待っていた。

2人は目を合わすと、いつもの仕草をした。

ザッ

ザッ

行動経済学まんが
ヘンテコノミクス
第7話「ヘンテコ派出所の一日」の巻
拳銃を持った男がいた。
…
そこに
やはり拳銃を持った男が
帰ってきた。
キキーッ
2人は 目を合わすと、
いつもの仕草をした。
ザッ
ザッ
一方、女は白い粉を
求めていた。
これだわ
小麦粉
flour
商談は成立した。
女は、金と引き換えに
これで
白い粉を手に入れた。
そして建物から立ち去った。
女は、しばらく歩き、
ヘンテコ町郵便局
ある建物の裏口から 静かに侵入した。
ガチャ…
遅かったな
中には、
刃物を持った
男がいた。

女は男に目配せすると、
鞄の中から白い粉を取りだし、
ドサッ
男に渡した。
男はほくそ笑んだ。
上物だな
しばらくすると、さきほどの拳銃の男がやってきた。
ガチャ
例のやつを2つ、
いつもの
拳銃の男は言った。
男は慣れた手つきで品物を用意する。
拳銃の男に金と引き換えに品物を手渡した。
拳銃の男が
KOBAN
再び戻ってくると
そこには、やはりもう1人の拳銃を持った男が
…
身じろぎもせず待っていた。

2人は目を合わすと、いつもの仕草をした。
ザッ
ザッ

私《わたし》たちはイメージに囚《とら》われる

—代表性ヒューリスティック

今回、皆さんは最初の見開きでは何らかのサスペンスを読み取ったと思います。

しかし、次の見開きでは先ほど読み取ったサスペンスとは全く関係ないある穏やかな日常が描かれています。

書かれている言葉や吹き出しや擬音は、どちらの見開きも全く同じです。しかし皆さんは、過去に経験したサスペンスの一般的なイメージに引っ張られ最初の見開きを、緊迫した事件のワンシーンとして読み取ってしまったのです。

私たちは様々な物事を見聞きした時に、既に抱いているイメージに囚われて偏った判断をしてしまうことがあります。このような心のはたらきを、行動経済学では「代表性ヒューリスティック※」と呼んでいます。

—人間とは、かくもヘンテコな生きものなり。

※ヒューリスティック＝人間の直感的判断

ここで読者の方に頭をリフレッシュしてもらうために、簡単なクイズを出したいと思います。

（問）ある教授のお父さんのひとり息子が、その教授の息子のお父さんと話をしていますが、その教授はこの会話には加わっていません。こんなことは可能でしょうか。

※答えと解説は152ページを参照してください。

第8話「欲《ほ》しいけど買《か》えない」の巻
——おとり効果

今から、約30年前のことです。ある画期的な新製品が出ました。主婦の間で話題にもなりましたし、欲しい商品の上位でもありましたが、思いの外、販売は伸びませんでした。しかし、あることをきっかけに、その製品はヒット商品に変わったのでした。さて、何があったのでしょうか。

行動経済学まんが
ヘンテコノミクス
第8話「欲しいけど買えない」の巻
買う 買わない
ふぅ
何迷ってんだよ
ははーん、例の世界初の新商品だな？
今から30年前のことでした
TVで見たやつだ
そう、ホームベーカリーのこと
とある町に典型的にまあまあな家族がおりました
あれを買えば…あなたと太郎に毎朝手作りの焼きたてパンを食べさせられるわ
買って買って
57000円って言ってたよね今月ボーナスだから買おうよ
うーん…
金額で迷ってるんじゃないのよ
じゃあ何で迷ってるんだ？

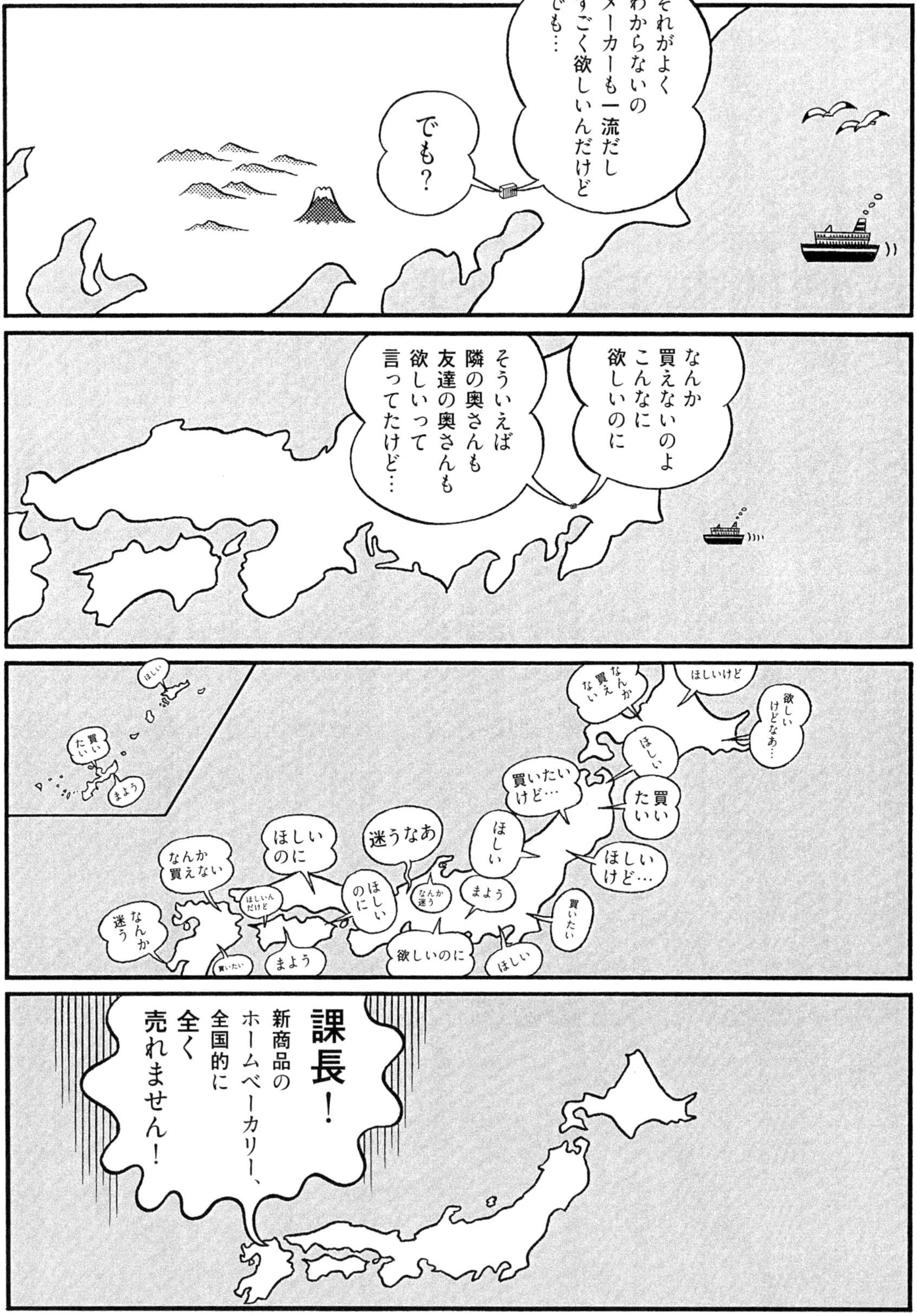

それがよく
わからないの
メーカーも一流だし
すごく欲しいんだけど
でも…
でも？
なんか
買えないのよ
こんなに
欲しいのに
そういえば
隣の奥さんも
友達の奥さんも
欲しいって
言ってたけど…
ほしいけど
なんか買えない
欲しいけどなあ…
ほしい
買いたいけど…
買いたい
ほしい
ほしいけど…
ほしいのに
迷うなあ
ほしい
まよう
なんか迷う
買いたい
ほしいのに
ほしいんだけど
なんか買えない
なんか迷う
欲しいのに
ほしい
まよう
買いたい
ほしい
買いたい
まよう
課長！
新商品の
ホームベーカリー、
全国的に
全く
売れません！

なにっ!
テストマーケティングでは、あんなに好評だったじゃないか!
課長、
どうやらターゲットの主婦たちは、買うのを躊躇《ちゅうちょ》しているようなんです
うーん…何が原因なんだ?
おそらく、パンを自宅で作るという全く新しいカテゴリーなので、まだ市民権がないのかもしれません
SONIPANAC
市民権か…なるほど、たった1つ商品が出たくらいでは、このカテゴリーを認めてくれないんだな
いっそのこと、他社がライバル商品でも出してくれれば、世の中にこのカテゴリーが認められるんですが…
そこに期待するのは無理だよ…
他人に頼りすぎ
現実見ようよ
う〜ん
課長!
だったら、自分で競争相手を作るのは、どうですか?
ホームベーカリー売上げ推移
うーん…
自分で競争相手を作るって、どういうことだ?

1年後
ホームベーカリーください
ください
ください
ください
ください
ください
ください
ください
ホームベーカリー
ください
ホームベーカリーください
ください
くだちゃい

上位機種Lが出てから、何故か普通のホームベーカリーのほうが急に売れ出したんです
どうしてだろう?
Deluxe
NEW
ホームベーカリー
L
〈エル〉
焼きたての仕上がり
ホームベーカリー
67,000円
57,000円
ビッグ無線

つくりたてはうまい!
うまー

選《せん》択《たく》肢《し》を生《う》み出《だ》すことで、市《し》民《みん》権《けん》を得《え》る

―おとり効果

「欲しいんだけど何か買えない」と思われていた新商品のホームベーカリーでしたが、上位機種を発売し、1種類だった商品を群にすることで、人々に「世の中で一定の評価を得ているカテゴリーである」と思わせることができました。

その結果ホームベーカリーは、人々にとって「買うか買わないか」という対象から「どちらを買おうか」という対象に変化したため、見事大ヒットとなりました。

このように、1つでは価値が決められなかった物でも、おとりとして新しい選択肢が追加された途端、その物が市民権を得たかのように感じて、どちらの選択肢が良いかという問題に置き換わってしまうことがあるのです。

―人間とは、かくもヘンテコな生きものなり。

【アジェンダ (agenda)】会議で検討する項目のこと。議題。

第9話「占《うらな》い師《し》のアドバイス」の巻

——新近効果

ついついネガティブな意見を言ってしまう
否田《いなだ》ネガ彦は、その舌禍《ぜっか》が元で結婚もままならない。
失意のネガ彦は一人の占い師に、
自分の人生を占ってもらうことにしたのですが…。

行動経済学まんが

ヘンテコノミクス

第9話「占い師のアドバイス」の巻

実はディナーの前にこんなこともありました
ちょっと見てもらっていい？
かわいいけど派手だね
むっ
とどめは
じゃあここで色々楽しかったわ
僕も楽しかった
けど
けど？
つかれた
エミちゃん
ひどいわネガ彦さん
せっかく
タイプの
HT
めがね男子だったのに…
そりゃあダメじゃ
目
だ
到底、告白なんかできませんでした
そもそも僕なんて、給料安いし、家には口うるさい母親もいるし、長男だし…万が一、交際してくれても、その先は真っ暗…
よし、ワシがいいことを教えてしんぜよう
いいか、お前は今後いかなる時でも必ず順番を逆にして言うんじゃ必ず逆にして言うんじゃぞ
占
逆
わかりました必ず順を逆にして言います
はい占い代3000円

翌週、ネガ彦はエミちゃんに謝り倒して、もう一度だけデートに誘うことができました
鮨 次郎兵衛
鮨
感じのいいお寿司屋さんだったわね ネガ彦さんはどうだった？
A おいしかったけど B 高かったね
ということは
B 高かったけど A おいしかったね
何か様子が変よ、ネガ彦さんの
B 高かったけど A おいしかったね
SALE
そうね、また いつか連れてきてね
2週間後、アクセサリー店でも、
A かわいいけど B 派手だな、この場合は…
どうこのイヤリング？
B 派手だけど A かわいいよ
よくおにあいですよー
じゃあ 買おうかしら
〜こんな感じで半年後、いよいよネガ彦、人生のクライマックスを迎える〜
その晩、初めてのデートで行ったエピシウスにて
エミちゃん、実は僕
どうしたの 急にかしこまって
いや言えない、だって給料は安いし、家にはいじわるな母さんもいるし、
長男だし、いや言えない

お前は何でも逆に言えば、
上手くいくんじゃ、自信を持て
逆
よしっ
?
僕はエミちゃんと結婚したいけど、A
給料は安いし、口うるさい母親がいる B
これを逆にすると
ネガ彦さんって時々こうなるわ
?
エミちゃん、僕は
給料は安いし口うるさい母親もいるけど、
僕はエミちゃんと結婚したい!
まあ、ネガ彦さん
私、うれしい

終《お》わり良《よ》ければすべて良《よ》し

―新近効果

ネガ彦は、自分の発言の癖のせいで、デートに失敗してしまいましたが占い師の助言通りにすることでついに憧れのエミちゃんの心を射止めることができました。

私たちには、複数の情報を順番に提示された時に、後に提示された方を印象強く評価してしまう「新近効果」と呼ばれる心理現象があります。

そのため、同じ情報でもネガティブなことを最後に言うと相手はネガティブな印象を持ち、ポジティブなことを最後に言うと相手はポジティブな印象を抱く傾向があります。

人間の意思決定メカニズムを研究している行動経済学の背後には、このような、価値判断に関わる心理現象があるのです。

―人間とは、かくもヘンテコな生きものなり。

発見！
こんなところに
ヘンテコノミクス

空港の出国の通路でよく見かける
このメッセージは、
旅行者に何を感じさせるのか。

——図らずも生まれた新近効果

©Daouda/ フォートラベル

前ページまでの漫画では、最後の一言がメッセージの重要な印象を担うことがあるという、「新近効果」と呼ばれる現象について描いています。

写真は、英国ヒースロー空港の中にある、出国前に目に入る場所に掲げられた看板です。この看板を見た、帰国直前の旅行者はどう思うでしょうか。おそらく、英国での**様々な出来事を「楽しかったなあ」と思い出しながら旅情を感じる**のではないかと思います。そして、また来たいなという気持ちも生まれるでしょう。これも結果として一種の「新近効果」を利用した例と言えます。

第10話 「れんが亭《てい》の新《しん》メニュー」の巻

――極端回避性

しゃれたレストランれんが亭に、
今日もランチにやってきた仲良し主婦3人組。
選ぶのは、いつも決まってコスパの良いBランチ。
しかし、そんな彼女たちが、あることをきっかけに、
別のランチを選ぶことになりました…。

行動経済学まんが
ヘンテコノミクス
第10話「れんが亭の新メニュー」の巻
じーーーっ
MENU
きまった！
私も
私もよ
お決まりでしょうか？
もちろんBランチ！
A < B
2000円
1500円
+
だってAランチが違うのは、スープとサラダだけよ それで2000円なんて やっぱコスパのいいBランチでしょ！
ここは、ヘンテコ市郊外のしゃれたレストラン、れんが亭
仲良し主婦3人組は、月に2～3度ここに集まって、ランチをする
ペチャクチャ
ペチャクチャ
お昼どきから3時過ぎまで、思いっきりおしゃべりをして、日頃のうっぷんを晴らしている
ズズ

れんが亭のランチメニューは2つだけ。
Aランチ2000円 と Bランチ1500円
2000円
A
B
彼女たちは迷わずに
Bランチへ
ところがある日…
え〜!!
MENU
NEW
S
3000円
A
2000円
B
1500円
なんと、Sランチが
3000円で登場したのだ
お決まりでしょうか?
どーする
うーん
どーする
あの…私はAランチ!
あら
えっ
私もA
私もっ
だってBって
何か一番下だし
Bランチ 1500円
・グリルドハンバーグ
・自家製パン or ライス
・コーヒー or 紅茶
Aランチ 2000円
・グリルドハンバーグ
・サラダ
・スープ
・自家製パン or ライス
・コーヒー or 紅茶
Sランチ 3000円
・ローストビーフ
・グリルドハンバーグ
・サラダ
・スープ
・自家製パン or ライス
・コーヒー or 紅茶
・デザート
ねー
うんうん
それにAなら
サラダとスープも
付いてる
Sに比べたら、
かなりコスパいいわよ
S < A
3000円 2000円
ねー
ねー

その1ヶ月前のことである…
ここは、ヘンテコ市の芸術ホール
れんが亭のシェフひき田は趣味のクラシックコンサートに来ていた
しかし…
今夜のひき田の耳にはコンサートの音は一切入っていなかった
閉
なぜか…
昼間のレストランのオーナーの怒りの激しさにまだ心が揺れているのだった
いいか料理長、この店は私の系列の中でも、
一番売り上げも利益も低い
客をもっと来させるか、客単価を上げるかして、
今の1.5倍は稼がないと、来年はなくなるぞ
ひき田は、せっかくの大好きなクラシックも一切耳に入らず
思わずこぶしを握っていた
ふと、妙な手触りをひき田は感じた
手を開くと、先ほど買ったチケットだった

ぐちゃぐちゃの中「A席」という文字だけはハッキリと読めた
A席
ひき田は思った
なぜ、自分はA席を選んだのだろう
一番安いB席は私のプライドが許さない
でも、S席の1万2000円はさすがに高い
B
B 3000円
A 5000円
A
S 12000円
S
え？私はB席とS席を
何となく避けている…
結果、真ん中のA席を選んだ…
ひき田は演奏中であったが立ち上がりホールを後にした
駅までの道すがらひき田は考えた
もし、Aランチよりはるかに高いSランチを作れば、客は今まで避けていたAランチを選ぶのではないだろうか
コンサートでA席を選んだこの私のように

ついつい真《ま》ん中《なか》を選《えら》んでしまう

—極端回避性

主婦3人組に「コスパが悪い」と選ばれなかった2000円のランチでしたが、新しく3000円のランチが登場した途端「1500円だと安すぎるし、3000円だと高すぎる」とみんな2000円のランチを注文するようになってしまいました。

私たちは、3段階の選択肢を提示されると一番上や下という極端な選択を回避してできるだけ無難な選択、つまり真ん中の選択肢を選ぼうとする傾向があります。

そのため、最初は「高い」と言って避けていた金額でも選択肢が変わることでガラリと評価が変わってしまうことがあるのです。

—人間とは、かくもヘンテコな生きものなり。

【マクロ経済】 国や地域といった大きな（マクロ）単位でみた経済活動のこと。所得や雇用、貨幣、投資や貿易といった集計量を扱う。

第11話「野《や》球《きゅう》部《ぶ》の夏《なつ》合《がっ》宿《しゅく》」の巻

——保有効果

今年もヘンテコ商業野球部の、厳しい夏合宿が始まる。
1年生の仲良し4人組の楽しみは、
なんと言っても寮のおばさんが作るおいしいごはん。
さて、今日のメニューは何かな。

行動経済学まんが
ヘンテコノミクス
第11話「野球部の夏合宿」の巻
今日から合宿よね、気をつけてね
今日から合宿、気をつけるのよ
今日から合宿気をつけてね
今日から合宿ね気をつけてね
よしこのヨーグルトを食べたら出発だ
よしこのヨーグルトを食べたら出発だ
よしこのヨーグルトを食べたら出発だ
よしこのヨーグルトを食べたら出発だ
気をつけるのよー
合宿がんばってきまーす
がんばってー
1週間がんばるねー
気をつけてね
合宿いってきまーす
がんばってー
1週間がんばってきまーす
おう、合宿じゃながんばれよ
ハイ!
KOBAN
おう、今日から合宿だながんばれよ
ハイ!
スーパーおしの
合宿だな、ケガすんなよ
ハイ!
合宿がんばれー
ハイ!
おー みんな集まってるな
今回の合宿
レギュラーかかってるからな
がんばろーぜ
最終日の紅白マッチ
楽しみだな
ばーか、そこまでが
キツいんだよ

バシッ
ふうきつかったー
ジャ〜ン
やったーカツだ
ヘイヘイヘイ
はらへったなー
ジャ〜ン
やったーカツだ
HENSHO
BASEBALL
ナイショート
ボテボテ
まだ1日目かあ…
ジャ〜ン
やったーカツだ
ヘイ!
ザルザル
カキーン
はらへって死にそー
ジャ〜ン
やったー大盛だ
NIKE

お!
デザートはヨーグルトか
いただきまーす
さっそくおかわり
たべた、たべた、たべたー
あとはヨーグルトだ
みんなー
ちょっとまって
ヨーグルトは2種類あって
これ毎日かかさず食べてるやつだ
お!
デザートはヨーグルトか
HENSHO BASEBALL
いただきまーす
おれもおかわり
たべたー
うまかった
あとはヨーグルトだ
LとBよ
ヘエー、このヨーグルト初めてだ
お!
デザートはヨーグルトか
いただきまーす
また山盛り
うまかったなあ
さあデザートのヨーグルトだ
適当におぜんの上に置いたので
これ母さんが、腸にいいって言ってたやつだ
お!
デザートはヨーグルトか
NIKE
いただきまーす
おばさーん空だよー
まんぞくまんぞく
さあヨーグルトにいくぞ
もし取り替えたければ言ってちょーだい
へぇー、これってビフィズス菌が入ってるんだ

これを返して別のに代えるか
これを返して別のに代えるか
これを返して別のに代えるか
これを返して別のに代えるか
野球部員たちのこたえはこうだった！
これがいいでーす!!

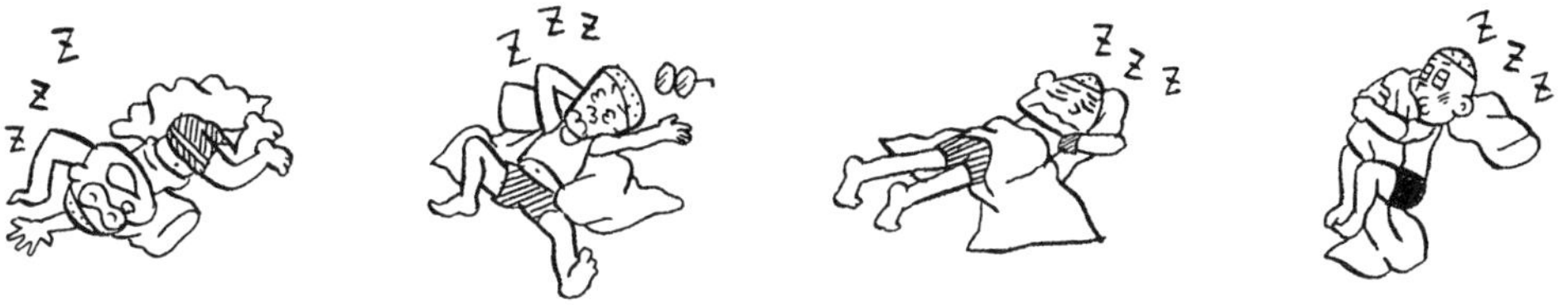

一度《いちど》手《て》に取《と》った物《もの》は、手放《てばな》したくなくなる

—保有効果

4人の野球部の少年たちは、
食堂で無作為に配られたヨーグルトに対して、
「自由に交換してもよい」と言われても、
それぞれ自分に配られたヨーグルトの
良いところを見出し
交換しようとは思いませんでした。

私たちには、一度でも自分が
保有してしまうと、
実際のその物の価値よりも
高い価値を作り出してしまう傾向があります。
そのため、客観的には全く同じような
価値の物を交換する場合でも
自分が持っていた物を手放すことが、
大きな損失のように
感じてしまうことがあります。

このような心のはたらきは、
「保有効果」と呼ばれており、
私たちの行動にしばしば
影響を及ぼすことがあるのです。

—人間とは、かくも
ヘンテコな生きものなり。

発見！こんなところにヘンテコノミクス

今回の「こんなところにヘンテコノミクス」は、なんと文学の中に存在している人間の行動経済学的行為を取り上げます。その文学とは、詩人中原中也が書いた一篇の詩です。

月夜の浜辺

月夜の晩に、ボタンが一つ
波《なみ》打《うち》際《ぎわ》に、落ちていた。

それを拾って、役立てようと
僕は思ったわけでもないが
なぜだかそれを捨てるに忍びず
僕はそれを、袂《たもと》に入れた。

月夜の晩に、ボタンが一つ
波打際に、落ちていた。

それを拾って、役立てようと
僕は思ったわけでもないが

　　月に向ってそれは抛《ほう》れず
　　浪に向ってそれは抛れず

僕はそれを、袂に入れた。

月夜の晩に、拾ったボタンは
指先に沁《し》み、心に沁みた。

月夜の晩に、拾ったボタンは
どうしてそれが、捨てられようか？

月夜の浜辺で偶然、手にしたボタンは、もう手放すことができません。この作者は、それを論理的に訴えるのではなく、「指先に沁み、心に沁みた」と感覚的に訴えています。そこに論理性はなくとも、多くの人の共感を呼ぶため、この詩は、多くの人に愛されるのです。多くの人の共感を呼ぶこの現象は、保有効果とも言えるものではないでしょうか。とすると、この詩を成立させているのは、保有効果であるともいえます。

第12話「思春期《ししゅんき》のデート」の巻
――プライミング効果

恥ずかしがり屋の高校生が、思い切って、
密かに恋心を抱いている同級生を映画デートに誘った。
楽しいはずのデートは、なぜか、どこかぎくしゃくしている。
それは、単純に初デートの緊張から来るものだろうか？

ヘンテコノミクス
行動経済学まんが
第12話「思春期のデート」の巻
内木《うちき》てれ男は
恥ずかしがり屋の
高校2年生
密かに恋してる同級生の
山田花《はな》を思いきって
映画デートに誘った
山田花の希望もあり
スター・ウォーズを観た
2人は、
映画館を出て
ぶらぶらと歩き出した
4D MAX CINEMA
WC
映画、サイコーだったね
は、はい
ちょっとあのベンチに座らない？
は、はい
SHY
ふぅ〜
でもまさか最後にああなるなんて…びっくりしたわよね、てれ男くん？
は、はい、あれを観たときたしか、びっくりしました
WC
ちょっと肌寒くなってきたんですけど
私もっと座ってたいな
でもあっちにケーキ屋あるみたい
ケーキ屋かあ
どうしたの、元気ないね
あっ
おやおや、見た顔が歩いてきたと思ったら
モテ彦くん
ってか…あれっ？てれ男じゃん、中学卒業以来だな
こちら同じ高校の山田さん
どーも
コンチワ
こいつ、エミっていうんだ

じゃあ
またな～
花ちゃんも
バイバイ
私、おなかすいた、早くケーキ屋さん行こ
ハ、ハイ
ついたー、早く座りた～い
Cake
ヘンテコ洋菓子店
Pâtisserie Henteko
ケーキセット
オススメ ¥880
ブレンド ¥280
フゥ～ いろいろ つかれたー
ねえ、何にする?
MENU
私、ショートケーキと紅茶、てれ男くんは?
ぼ、ぼく…
コ、コーヒーだけください
え!
コーヒーだけ? ちょっともらおうと思ってたのに何も食べないの?
てれ男くん、映画そっちのけでポップコーンと冷たいコーラがぶ飲みしてるからよ
ガバッ
?!
えっ、どうしたの?!
ちょっとてれ男くん、どーしたの、怒ったの?

前のページのつづき
先ほどのデート、実は思春期ゆえにお互いいくつかの言い出せないことがありました
てれ男の場合
①先週、なんと同じ映画を弟と観ている
②ずっとトイレをガマンしている
③財布の中身があとわずか
花の場合
①新調した靴が足に合わなくて豆ができていた
②途中で会ったモテ彦、実は元カレ
こんな状況を理解した上で先と同じ漫画をもう一度読んでみてください
4D MAX CINEMA
映画、サイコーだったね
は、はい
ちょっとあのベンチに座らない？
は、はい
ふぅー
でもまさか最後にああなるなんて…びっくりしたわよね、てれ男くん？
は、はい、あれを観たときたしか、びっくりしました
WC
ちょっと肌寒くなってきたんですけど
私もっと座ってたいな
でもあっちにケーキ屋あるみたい
ケーキ屋かぁ
どうしたの、元気ないね
あっ
おやおや、見た顔が歩いてきたと思ったら
モテ彦くん
ってか…あれっ？てれ男じゃん、中学卒業以来だな
こちら同じ高校の山田さん
ど～も
コンチワ
こいつ、エミっていうんだ

もうおなか 大丈夫だから
なーんだ、トイレ ずっとがまんしてたんだ それと同じ映画 2週続けて 観るなんて笑える ここのお茶代は 私おごるね、映画のお礼よ
（てれ男の純朴さが とても好きになった 花ちゃんでした）

事前《じぜん》の情報《じょうほう》が解釈《かいしゃく》を左右《さゆう》する
―プライミング効果

今回、皆さんには同じ漫画を2回読んでもらいましたが、1回目と2回目では見え方が全く違ってしまったと思います。

例えば冒頭のてれ男の汗ひとつとっても
1回目は「デートに緊張しているための汗」として、
2回目は「必死にトイレを我慢しているための汗」として見えてしまったのではないでしょうか。

私たちは、事前に与えられる情報によって、同じものを見ても、解釈がガラリと変わってしまうことがあります。このような現象を心理学では「プライミング効果」と呼んでいます。

行動経済学は、このような心理現象を背景に、人間の意思決定に関するメカニズムを研究している学問です。

―人間とは、かくも
ヘンテコな生きものなり。

【トレードオフ (trade-off)】 何か目的を達成しようという時に、2つの要素のうち一つを満たすと、もう一方を犠牲にしなければならない関係のこと。

第13話「槍《やり》中《なか》村《むら》の後《こう》悔《かい》」の巻
――ハロー効果

行動経済学は、人間の心理と価値判断を扱う新しい学問分野ですが、実は昔から読み継がれてきた様々な物語の中にも、その要素が含まれているものがあります。

今回は作家、菊池寛によって1957年に発表された「形」という小説を原作にしています。

行動経済学まんが
ヘンテコノミクス
第13話「槍中村の後悔」の巻
原作：菊池寛「形」
摂津《せっつ》半国の侍大将中村新兵衛は
全国に名の聞こえた士《さむらい》であった
槍《やり》の名手で、またの名を「槍中村」と呼ばれていた
槍中村の武者姿は、戦場において水際《みずぎわ》立った華やかさを示していた
彼がまとっていたのは、
火のような猩《しょう》々《じょう》緋《ひ》の服折《はおり》
※鮮やかな深紅の陣羽織
そして
唐《とう》冠《かむり》纓《えい》金《きん》の兜《かぶと》
※古代中国の冠に形をまねたかぶと
敵にとってこれ以上の脅威はなく
槍中村だ、
ヒィィ
にげろー
味方にとってはこれ以上の頼もしいものはなかった
中村殿につづけー
ある日そんな槍中村のところに一人の客がやってきた

おじ上、折り入って お願いがござる
元服して間もない美男の士、新助高之《しんすけたかゆき》は、新兵衛の主君松山新介の側腹《そばはら》の子であり、幼少のころから、新兵衛が守役《もりやく》として育ててきた
おお、新助高之か
そなたは我が子同然 何でも言うてみい
明日は、我らの初陣じゃほどに、華々しい手柄を立てたい
ついては、おじ上の猩々緋《しょうじょうひ》と唐冠《とうかむり》の兜を貸してたもらぬか
ハハハハ、いかにも若者らしい願いじゃ
槍中村は新助高之の無邪気な功名心を快く思った
よかろう
しかし
この兜と服折《はおり》は槍中村の形じゃ
この形をとるからには そなたかなりの覚悟が必要じゃ
見事にその形にふさわしい手柄を立ててみせます
これはたのもしい ハハハハハハ

その明くる日
中村新兵衛たち
松山勢は筒井勢と
しのぎを削った
戦いが
始まるやいなや
狸々緋《しょうじょうひ》の武者が
唐冠《とうかむり》の兜を
朝日に輝かしながら
敵勢を追い払っていた
その日に限って、黒革縅《くろかわおどし》の
鎧《よろい》を着て、南蛮鉄《なんばんてつ》の兜をかぶっていた
中村新兵衛は会心の微笑を含みながら
狸々緋《しょうじょうひ》の武者を眺めていた
そして、
自分の形
だけですら
これほどの力を
持っていることに
大きい誇りを
感じていた
中村新兵衛は二番槍を
つとめようとして
駒を乗り出し
一文字に敵陣に
殺到した
ところが…

いつもとは勝手が違っていた
いつもは羊のように怯《おび》える敵が
今日に限って対等の戦いを
するくらい勇みたっていた
どの雑兵《ぞうひょう》も
十二分の力を
新兵衛に対し
発揮した
なぜだ
戦いの最中、新兵衛には
その理由がわかってきた
そして、気軽に
兜や猩々緋を貸したことの
後悔が頭の中を
かすめた時であった
一人の雑兵の
突き出した槍が
縅《おどし》の裏をかいて
新兵衛の脾腹《ひばら》を
貫いたのであった

顕著《けんちょ》な特徴《とくちょう》だけで、物事《ものごと》を見極《みきわ》める

―ハロー効果

新兵衛は、敵兵が恐れるのは、
自分の実力だと思っていましたが、
実際に恐れられていたのは、
強さの象徴として知られている
唐冠《とうかむり》の兜と猩々緋《しょうじょうひ》でした。

だからこそ、その兜と羽織を身につけた若侍は、
敵の戦意を削《そ》いで大活躍し、
一方、貸した新兵衛は敵に恐れられず、
槍に刺されてしまいました。

この話のように、表面的な特徴に引きずられ、
全体の評価をしてしまう心理効果は
「ハロー（後光）効果」と呼ばれています。

現代においても、
勤めている会社や出身校が有名だというだけで
人物を高く評価してしまうことがあるように、
自分が評価しているものも、
その内容を理解した上でなく、
実はただ目立つ特徴だけで
評価していたということが、あるのです。

―人間とは、かくも
ヘンテコな生きものなり。

ヘンテコミック
HENTE-comic

彩《あや》と克彦《かつひこ》 その①

あと２週間でオープンだぞ
のろのろするな！

そうだ。イスをあと５脚
発注したいんだが

はい、わかりました

克彦さん、
イスは
足りてるはずよ

ハハハハハ
お嬢さん育ちの
君には
わかるまい

入り口の外に置くのさ
このイスは

あのイスを見ると
行列ができる店と
みんなが思って来るんだ！

実は、私は、そんな克彦さんの
抜け目のないところが
なんか信用できないの…

彩と克彦の物語はまだまだつづく

行動経済学的解説①【ハーディング効果】

この漫画では、多くの人が同じ行動を取っていると、つい釣られて自分も同じ行動を取ってしまう「ハーディング（herding・群れ）効果」と呼ばれる現象を扱っています。

第14話「週《しゅう》給《きゅう》ドングリ70個《こ》」の巻

——上昇選好

ある日、リスたちの住む森の広場に、求人広告が、ふたつ掲示されました。そのふたつは、ライバルの自動車会社のものでした。その広告を見たリスたちは、どちらの会社で働くかを話し合っています。

行動経済学まんが
ヘンテコノミクス
第14話「週給どんぐり70個」の巻
工員一時募集
(株)うさぎ自動車
工員一時募集
(株)タヌキモータース
ワイワイ
ガヤガヤ
ガヤガヤ
ワー
やっぱタヌキモータースかな
(株)タヌキモータース
内容：組立作業
期間：1週間
給料：どんぐり70個 毎日分割払い
タヌキモータースは業界1位だからな
(株)うさぎ自動車
内容：組立作業
期間：1週間
給料：どんぐり70個 毎日分割払い
うさぎ自動車は小さくても質がいいよね
うさぎ自動車とタヌキモータースどっちで働こうか?
お給料はどっちも1週間でどんぐり70個で同じだね
じゃあぼくたち住んでるところがタヌキモータースの近くだからタヌキモータースにするよ
じゃあぼくたちはうさぎ自動車だ
1週間後終わったらみんなで打ち上げパーティしような
お互いがんばろうな!
お前んとこ小さい会社だから誰もいかないと思ったら一応いくんだな
翌日
弱小のうさぎ自動車には絶対負けたくない
一台でも多く生産するのたぬき!
我が社は質が命です
一台一台丁寧に作ってください

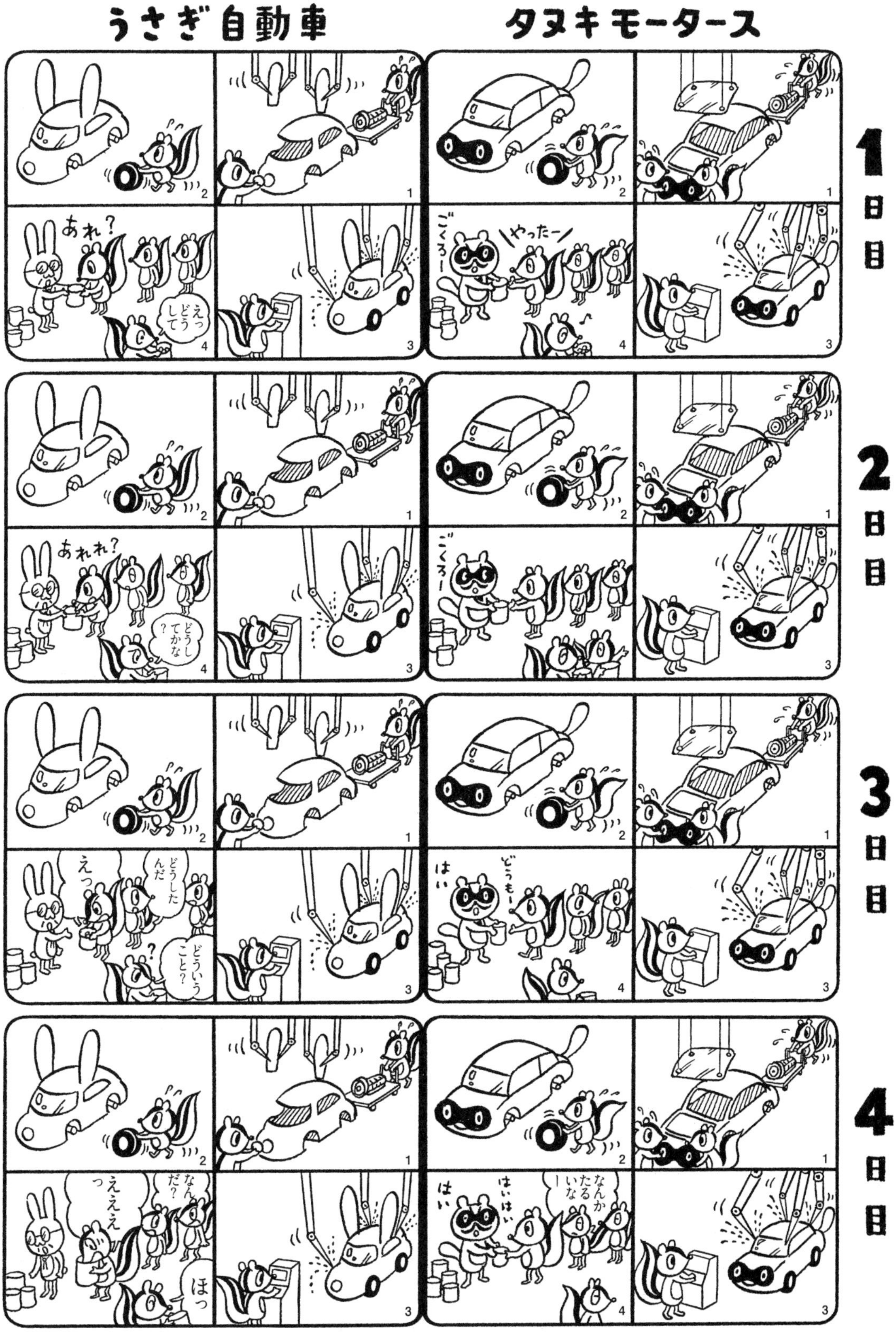
うさぎ自動車
タヌキモータース
1日目
あれ？
えっどうして
ごくろー
やったー
2日目
あれれ？
どうしてかな？
ごくろー
3日目
えっ
どうしたんだ
どういうこと？
はい
どうもー
4日目
えええっ
なんだ？
ほっ
はい
はいはい
なんかたるいなー

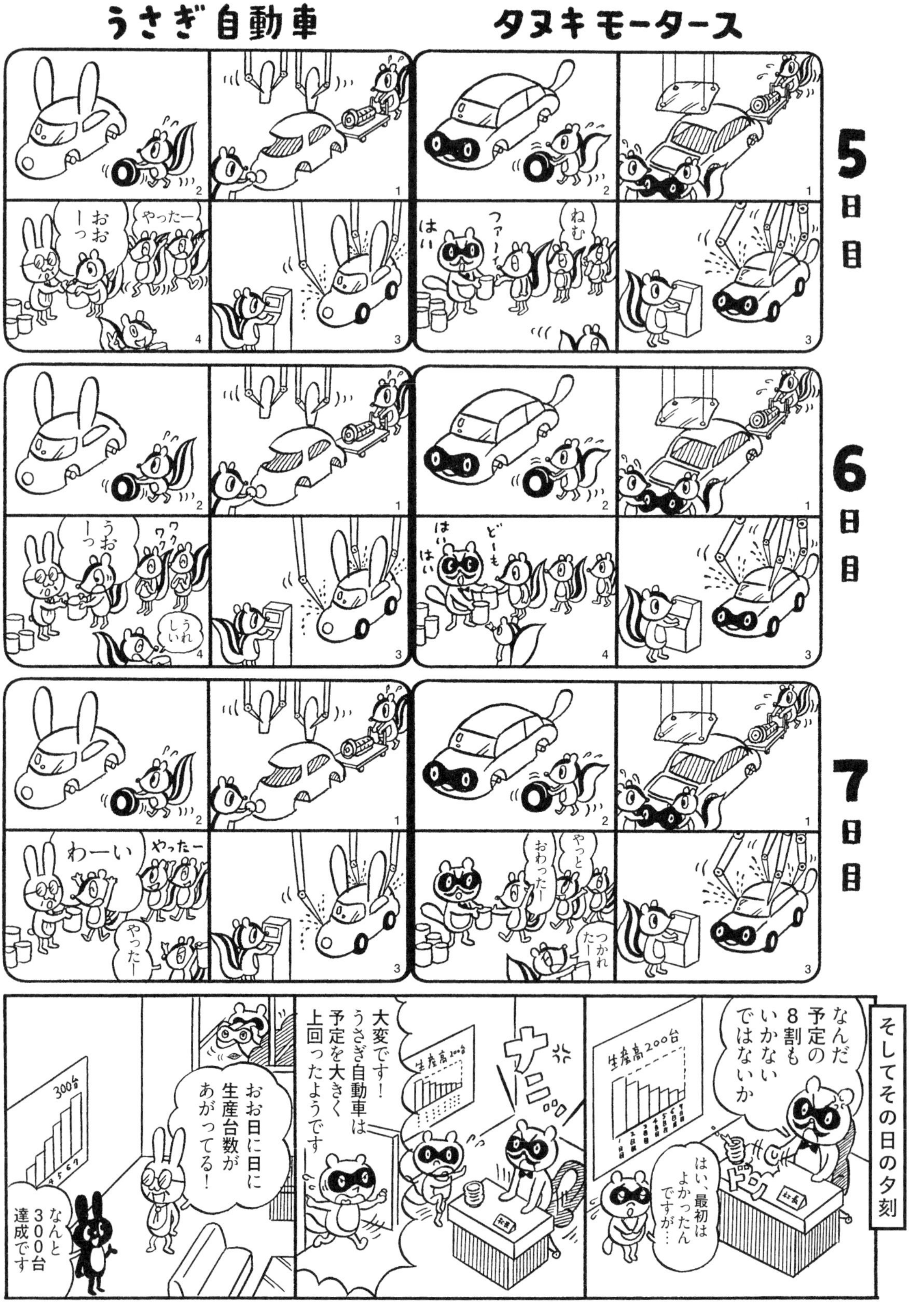

うさぎ自動車
タヌキモータース
5日目
ファ〜い
はい
ねむ
おおーっ
やったー
6日目
はいはい
どーも
うおーっ
ワクワク
うれしい
7日目
やっとおわったー
つかれたー
わーい
やったー
やったー
そしてその日の夕刻
なんだ予定の8割もいかないではないか
はい、最初はよかったんですが…
生産高200台
ドン
ナニ
生産高200台
大変です!うさぎ自動車は予定を大きく上回ったようです
おお日に日に生産台数があがってる!
300台
なんと300台達成です

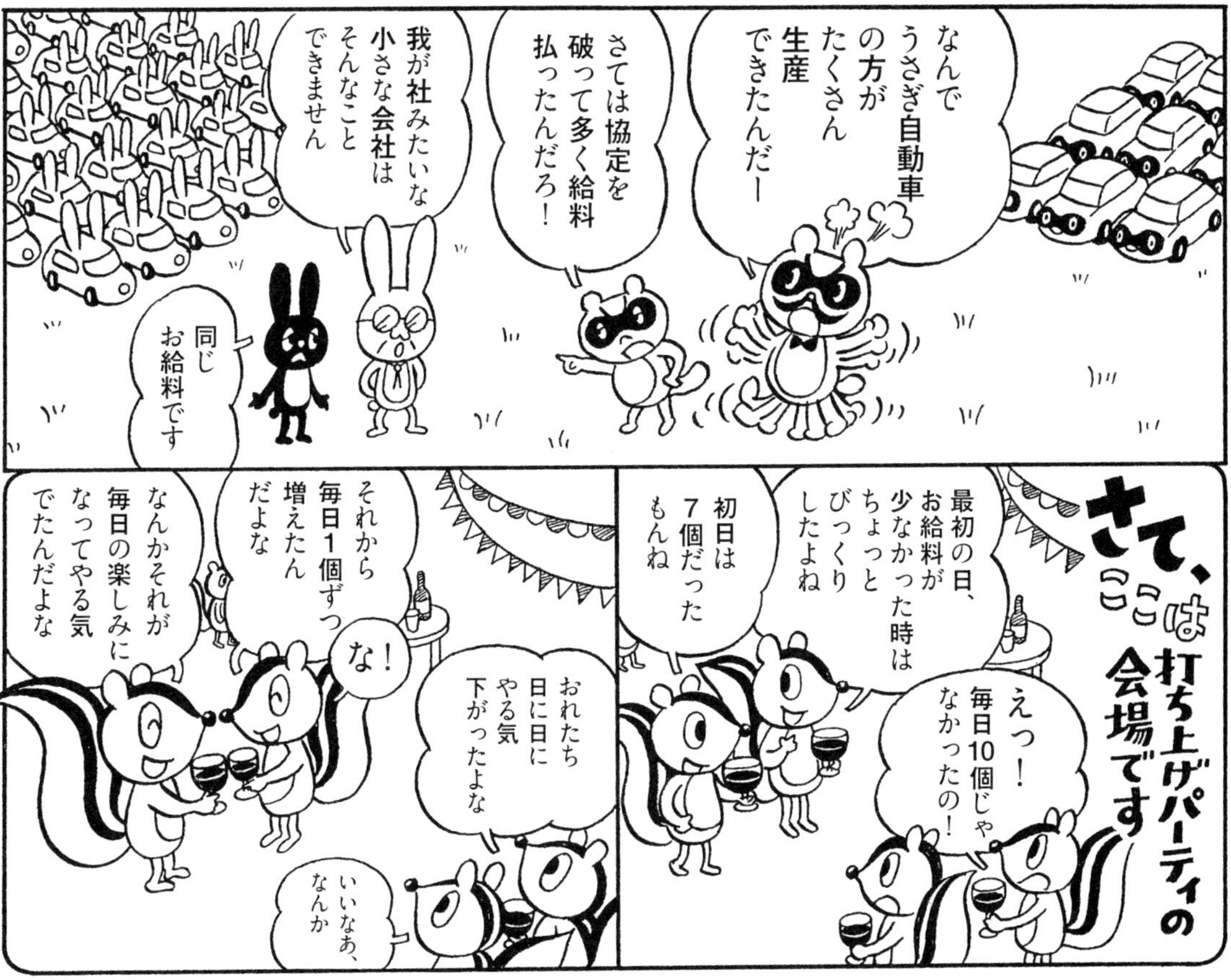

だんだん良《よ》くなる方《ほう》を好《この》みます
—上昇選好

左の表は、タヌキモータースとうさぎ自動車、それぞれが毎日支払った、どんぐりの個数です。

	うさぎ自動車	タヌキモータース
1日目	7個	10個
2日目	8個	10個
3日目	9個	10個
4日目	10個	10個
5日目	11個	10個
6日目	12個	10個
7日目	13個	10個
合計	70個	70個

1週間で支払った数は、どちらも同じ70個だったのにもかかわらず、タヌキモータースは、1日10個ずつ支払い、うさぎ自動車は、初日の7個から1日1個ずつ数を増やして支払ったところ、うさぎ自動車で働くリスたちの方が、大きくやる気が向上するという結果になりました。

私たちの心には「上昇選好」と呼ばれる、だんだん良くなる方を好む、心理傾向があります。

そのため、働いていたリスたちは、最終的にもらえるどんぐりの数が同じだったとしても、毎日同じ数をもらうより、最初は少ないけれど毎日1個ずつ増えていく方が、より明日を楽しみに、仕事をするようになったというわけです。

—人間とは、かくもヘンテコな生きものなり。

リス9《ク》マネジメント

【リスクマネジメント(risk management)】 ある物事を進める際、事故や損失といった危険(リスク)にあう可能性を事前に防ぐため、様々な可能性を考えて組織を管理するという考え方のこと。

第15話「鬼《おに》キャプテンの計略《けいりゃく》」の巻
――目標勾配《こうばい》仮説

ヘンテコ大学サッカー部の春合宿。
キャプテンの組んだ厳しい練習メニューに
下級生の不満が募っていく。
そして合宿最終日、
とうとうその不満が爆発寸前になってしまった…。

行動経済学まんが
ヘンテコノミクス
第15話「鬼キャプテンの計略」の巻
20!
21!
22!
ヘンテコ大学サッカー部は、春のリーグ戦に向けて10日間の合宿を行っていた。今日で9日目を迎え、ハードな練習に部員たちの体力も精神力もかなり限界まで来ていた
特に1年生部員たちには、腕立て伏せや走り込みといった練習の多さに不満が溜まり爆発寸前であった。あと2日の合宿、一波乱あり
23!
24!
ラーストS
オー!
2!
3!
4!
5!
ララストォー
オォ…
オー
ヘトヘト〜
まいった……
練習後、下級生の中からどこからともなく不満の声が聞こえてくる
結局サッカーなんて入れてなんぼだろー
シュート練《れん》ばっかりやりたいよー
なのに1500の後、ウェイトやってダッシュやって
最後に腹筋腕立てはキツイだろ
また1年生グチってるな…あれほど基礎練習が大事だって言ってるのに

腕立てもとくに20回過ぎてからキックね?
キツイ! キツイ!
でもさあ、ラスト5って掛け声でもう少しかって思えるよな
そうラスト5でまたちょっとやる気が出るんだよな
確かに自分が1年生の時も同じことを思ったな…
もうすぐ終わりだと思うと、やる気が出るんだよな
その夜のミーティングで
明日は合宿最終日だ恒例の紅白マッチを行う
まってました
やったー
やった!
そして紅白マッチの前は、走り込みと筋トレを行う!
ゲェッ
最終日もやるんですか
最終日は紅白マッチだけやると聞いてました
ちょっとキャプテン、厳しくないですかー
みんな1部リーグに上がりたくないのか?
シーン
万年2部リーグでいいのか
もうひとふんばりしようじゃないか!
シーン
やっぱりあの人、鬼だ
なんかやる気出ないよな
最終日までダッシュや腕立てとかあり得ない
サボるか… 適当に手を抜いてもわかりゃしないさ
あれほど言ってもダメか…
いや待てよ、確かに目の前に終わりが見えるとやる気が出るんだよな
うーん… そうだ!

翌日・合宿最終日
さあ、ダッシュの次は腕立て30回だ!
ハァハァ
キャプテン、もうへとへとです
ダッシュの前にはウェイトもやりました
これ以上は無理です
ハァ…
ハァハァ
そうか、無理か
おっさすがのキャプテンもあきらめたか
実は、みんなに聞いてほしいことがある
あきらめてない
今回の合宿は10日間だ
毎日腕立てを30回やってきた
キャプテン何言い出すんだ
つまり…つまりだ、今日頑張れば今回の合宿で計300回やったこととなる!
300回!
しかも、もう9日間やってきたので、昨日までで270回終わってる!
270回
300回
あと30回で300回だ
オー!!
いくぞ

鬼と呼ばれたキャプテンの
山田は、この後の人生の
要所要所で助けられる
一つの真実をこの合宿で
習得したのであった

ゴールに近《ちか》づくほど、人間《にんげん》は「やる気《き》」を起《お》こす
—目標勾配《こうばい》仮説

部員たちは、毎日30回の腕立て伏せを
かなりキツイと思っていましたが、
キャプテンの「ラスト5回」のかけ声で
あと少しで終わるぞと、やる気を出していました。

部員たちの本音を知ったキャプテンは、
ある妙案を思いつきました。
それは、最終日に30回の腕立て伏せをやれば、
合宿全体で300回の腕立て伏せを
達成したことになると伝えることでした。
それを聞いた部員たちは、
最後の30回の腕立て伏せに俄然《がぜん》やる気を出したのでした。

このように、私たちはゴールに近づくほど
モチベーションが高くなったり動きが早くなるなど、
特別な行動を見せることがあります。
このような現象のことを心理学では
「目標勾配仮説」と説明されています。

普通にやる30回の腕立て伏せも、
キャプテンに300回の内の最後の30回だと
言われてやる腕立て伏せも、
どちらも回数としては同じです。
しかし、私たちは
ゴールがすぐそこにあると提示されることで、
同じ価値のものでも
行動を大きく変えてしまうことがあるのです。

—人間とは、かくも
ヘンテコな生きものなり。

ドラスティック

【ドラスティック(drastic)】 徹底的で激烈なさまを言う。思い切った、抜本的な、という意味で使われることも多い。

第16話「長《なが》さに関《かん》する感《かん》覚《かく》テスト」の巻
――同調行動

この漫画では、まず、読者のあなたに参加してもらい、ある感覚テストをしてもらいます。

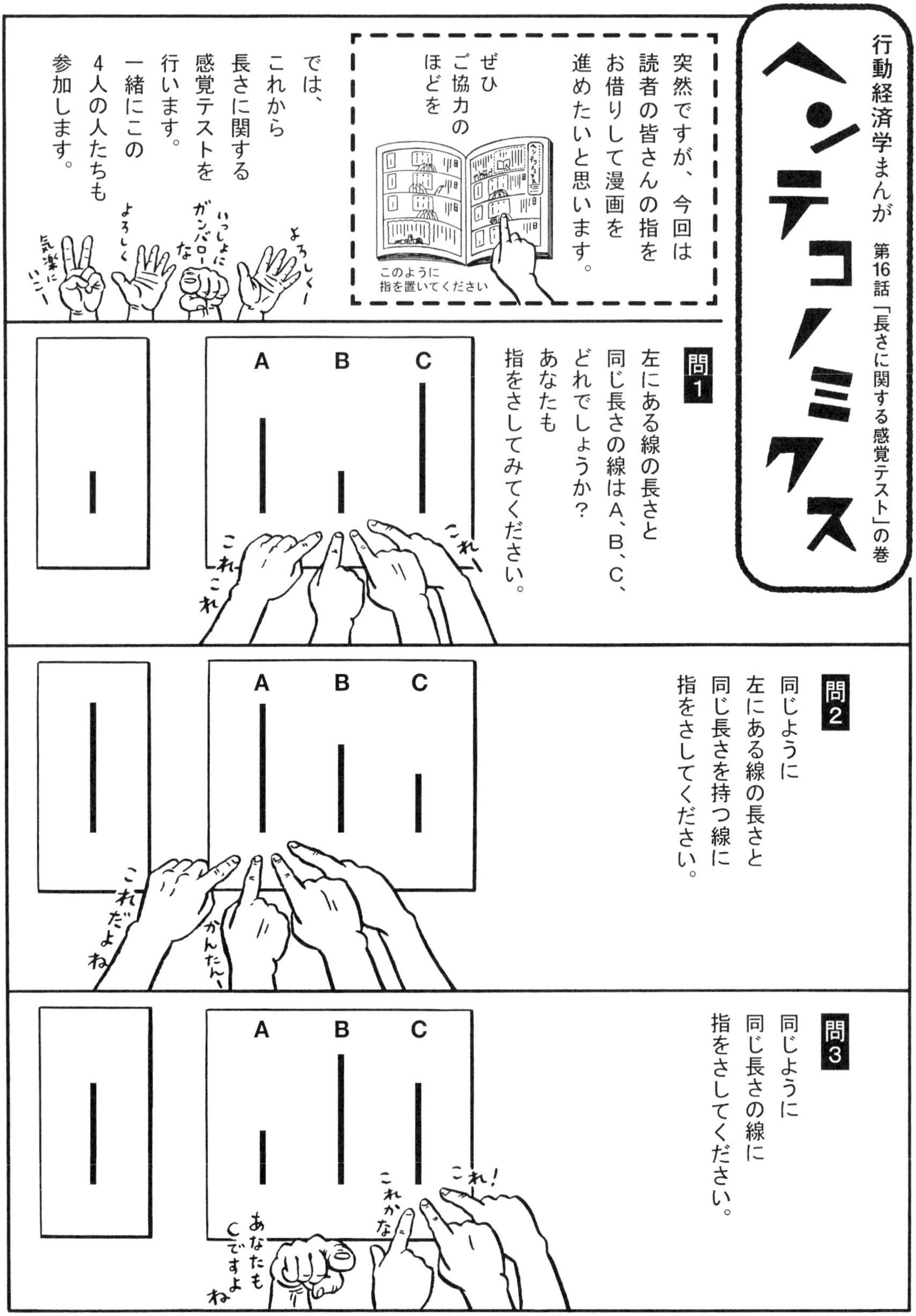
ヘンテコノミクス
行動経済学まんが
第16話「長さに関する感覚テスト」の巻
突然ですが、今回は読者の皆さんの指をお借りして漫画を進めたいと思います。
ぜひご協力のほどを
このように指を置いてください
では、これから長さに関する感覚テストを行います。一緒にこの4人の人たちも参加します。
よろしくー
いっしょにガンバローな
よろしく
気楽にいこー
問1
左にある線の長さと同じ長さの線はA、B、C、どれでしょうか？あなたも指をさしてみてください。
A
B
C
これー
これ
これ
これ
問2
同じように左にある線の長さと同じ長さを持つ線に指をさしてください。
A
B
C
かんたんー
これだよね
問3
同じように同じ長さの線に指をさしてください。
A
B
C
これ！
これかな
あなたもCですよね

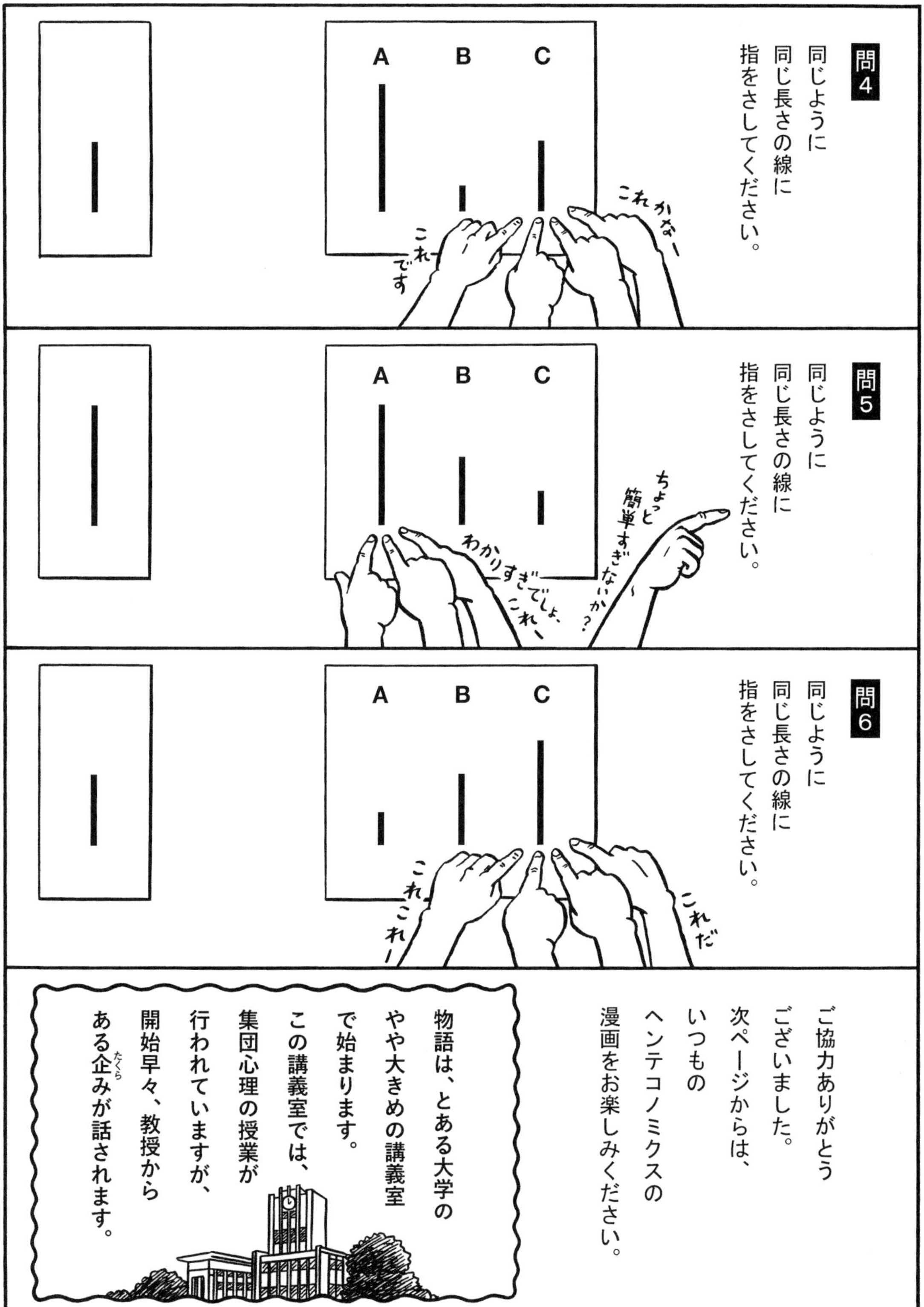
問4
同じように
同じ長さの線に
指をさしてください。
A B C
これかなー
これです
問5
同じように
同じ長さの線に
指をさしてください。
A B C
ちょっと簡単すぎないか?
わかりすぎでしょ。
これー
問6
同じように
同じ長さの線に
指をさしてください。
A B C
これだ
これ
これこれー
ご協力ありがとうございました。
次ページからは、いつものヘンテコノミクスの漫画をお楽しみください。
物語は、とある大学のやや大きめの講義室で始まります。
この講義室では、集団心理の授業が行われていますが、開始早々、教授からある企《たくら》みが話されます。

Social Pressure
ワサビ大学教授
綾《あや》釣《つり》男《お》（62歳）
諸君、おはよう
集団心理
Social Pressur
今日は集団心理について
考えてみたいと思う
最初に、ある実験を行う。壇上に5つ椅子があるが、諸君らの中から4人に座ってもらいたい。この4人は言わば実験のサクラで、実は、この後遅刻してやってくる学生が、被験者だ
諸君らはサクラとして、今から私が説明する通りに、この後の実験に参加してもらいたい
その5分後
うわー、遅刻遅刻
ハアハア
WASABI UNIVERSITY
よろしくー
ちーす
よろしくね
よう！
おはようちょうど良い、君も壇上で簡単なテストに参加してくれたまえ
は、はい
ではこれより、長さに関する感覚テストを行う
質問をするので、声に出して答えてほしい
左の棒と同じ長さの棒は、A・B・Cどれかな？
A B C
B!
B!
B!
B!
B!
では、これだと左の棒と同じ長さの棒はA・B・Cどれ？

集団《しゅうだん》の判断《はんだん》が、自分《じぶん》の判断《はんだん》を歪《ゆが》めてしまう

—同調行動

最初に参加してもらったテストは
実は、長さに関する感覚テストなどではなく
米国の心理学者ソロモン・アッシュが
1950年代に発表した
集団への同調に関する実験を基にしています。

棒の長さを問う簡単な質問に対して、
あなたと4人は、途中までは
同じ答えを選び続けていましたが、
最後の質問では、他の4人が揃いも揃って
間違った答えを指さしました。
その4人の行動を見たあなたは思わず自分の
答えを見直してしまったのではないでしょうか。

前述のアッシュの実験では、30%強もの人が、
集団に同調して、自分の判断を変えて
誤った回答をしていました。

私たちは、集団とは異なる価値判断をした時に、
集団の意見が明らかに間違っていたとしても
みんなの意見に合わせて、自分の意見を
歪めてしまうことがあるのです。

—人間とは、かくも
ヘンテコな生きものなり。

実際の同調行動実験は、このように行われていた。

発見！こんなところにヘンテコノミクス

SCIENTIFIC AMERICAN

NOVEMBER, 1955 — VOL. 193, NO. 5

Opinions and Social Pressure

Exactly what is the effect of the opinions of others on our own? In other words, how strong is the urge toward social conformity? The question is approached by means of some unusual experiments

by Solomon E. Asch

That social influences shape every person's practices, judgments and beliefs is a truism to which anyone will readily assent. A child masters his "native" dialect down to the finest nuances; a member of a tribe of cannibals accepts cannibalism as altogether fitting and proper. All the social sciences take their departure from the observation of the profound effects that groups exert on their members. For psychologists, group pressure upon the minds of individuals raises a host of questions they would like to investigate in detail.

How, and to what extent, do social forces constrain people's opinions and attitudes? This question is especially pertinent in our day. The same epoch that has witnessed the unprecedented technical extension of communication has also brought into existence the deliberate manipulation of opinion and the "engineering of consent." There are many good reasons why, as citizens and as scientists, we should be concerned with studying the ways in which human beings form their opinions and the role that social conditions play.

Studies of these questions began with the interest in hypnosis aroused by the French physician Jean Martin Charcot (a teacher of Sigmund Freud) toward the end of the 19th century. Charcot believed that only hysterical patients could be fully hypnotized, but this view was soon challenged by two other physicians, Hyppolyte Bernheim and A. A. Liébault, who demonstrated that they could put most people under the hypnotic spell. Bernheim proposed that hypnosis was but an extreme form of a normal psychological process which became known as "suggestibility." It was shown that monotonous reiteration of instructions could induce in normal persons in the waking state involuntary bodily changes such as swaying or rigidity of the arms, and sensations such as warmth and odor.

It was not long before social thinkers seized upon these discoveries as a basis for explaining numerous social phenomena, from the spread of opinion to the formation of crowds and the following of leaders. The sociologist Gabriel Tarde summed it all up in the aphorism: "Social man is a somnambulist."

When the new discipline of social psychology was born at the beginning of this century, its first experiments were

EXPERIMENT IS REPEATED in the Laboratory of Social Relations at Harvard University. Seven student subjects are asked by the experimenter (*right*) to compare the length of lines (*see diagram on the next page*). Six of the subjects have been coached beforehand to give unanimously wrong answers. The seventh (*sixth from the left*) has merely been told that it is an experiment in perception.

31

漫画の中で行われていた実験は、社会心理学者のS・アッシュが1951年に発表した人間の同調行動に関する研究に基づいています。ここでは、Scientific American（1955年11月号 Volume 193 Issue 5）に掲載されたS・アッシュの論文の冒頭の頁を紹介します。そこには、**実際に行われた同調行動の実験**が記述されています。

ハーバード大学の社会関係論研究室で行われたこの実験では、写真の一番右にいる実験者（この方が、S・アッシュ）が、7人の学生被験者にラインの長さを比較するように求めます。ただしその内6人は、ある課題に対して間違った答えを出すよう事前に指導されています。残りの1人（写真では、左から6番目。白っぽいシャツの方）だけは、単に知覚の実験への参加とだけ言われています。実際は、このような状況で、この同調行動の実験は行われたのでした。

第17話「キツネと葡萄《ぶどう》」の巻

——認知的不協和の解消

私たちは何かうまくいかないことがあると、
負け惜しみを言ってしまうことがあります。
なぜ、そんな一見無駄とも思える行動をとってしまうのでしょうか。
その仕組みを繙《ひもと》くために、
今回はある有名な物語から漫画が始まります。

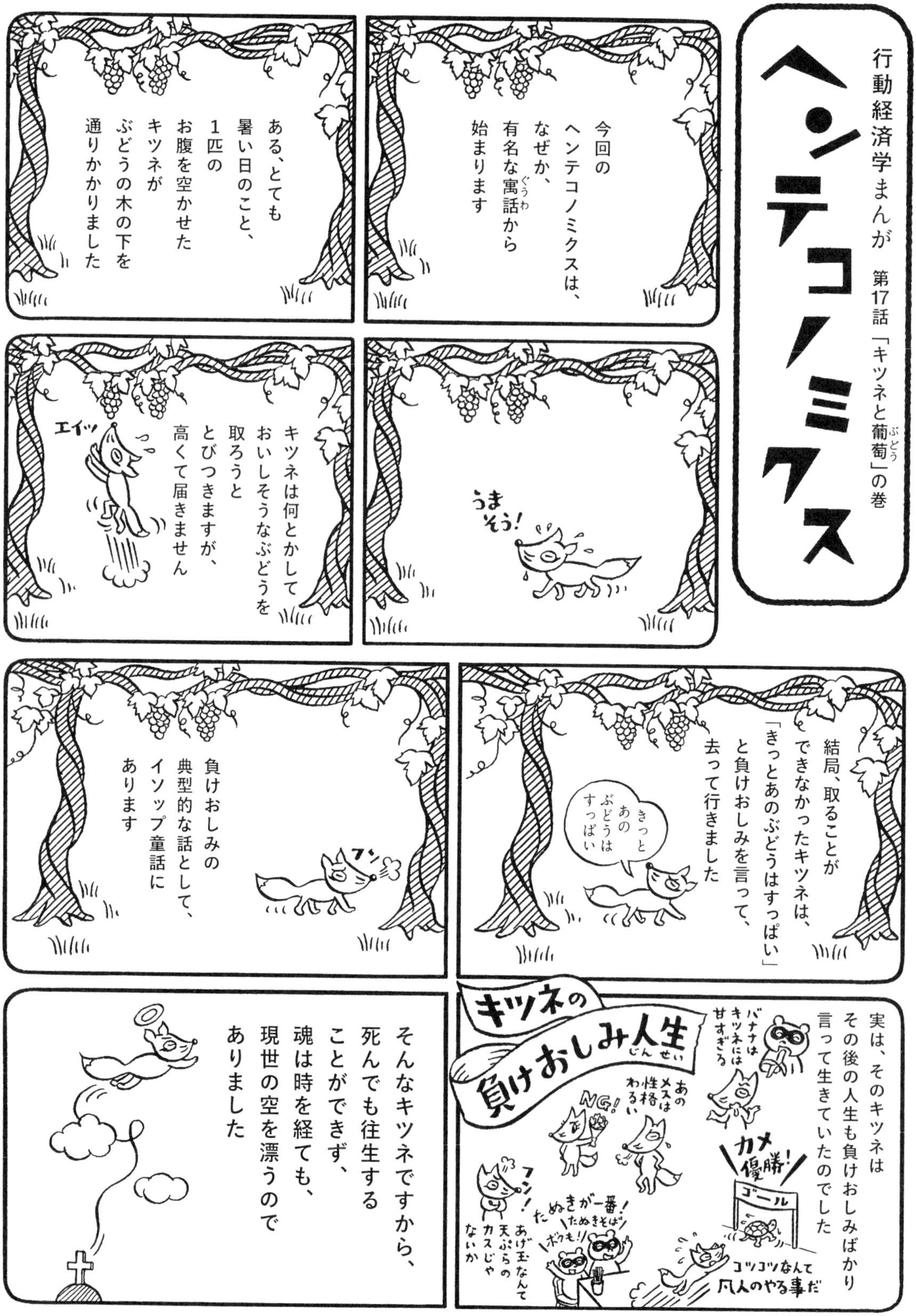
行動経済学まんが
ヘンテコノミクス
第17話「キツネと葡萄《ぶどう》」の巻
今回のヘンテコノミクスは、なぜか、有名な寓話《ぐうわ》から始まります
ある、とても暑い日のこと、1匹のお腹を空かせたキツネがぶどうの木の下を通りかかりました
うまそう!
キツネは何とかしておいしそうなぶどうを取ろうととびつきますが、高くて届きません
エイッ
結局、取ることができなかったキツネは、「きっとあのぶどうはすっぱい」と負けおしみを言って、去って行きました
きっとあのぶどうはすっぱい
負けおしみの典型的な話として、イソップ童話にあります
フン
実は、そのキツネはその後の人生も負けおしみばかり言って生きていたのでした
キツネの負けおしみ人生《じんせい》
バナナはキツネには甘すぎる
あのメスは性格わるい
NG!
カメ優勝!
ゴール
コツコツなんて凡人のやる事だ
フン!
たぬきが一番!
たぬきそば
ボクも!
あげ玉なんて天ぷらのカスじゃないか
そんなキツネですから、死んでも往生することができず、魂は時を経ても、現世の空を漂うのでありました

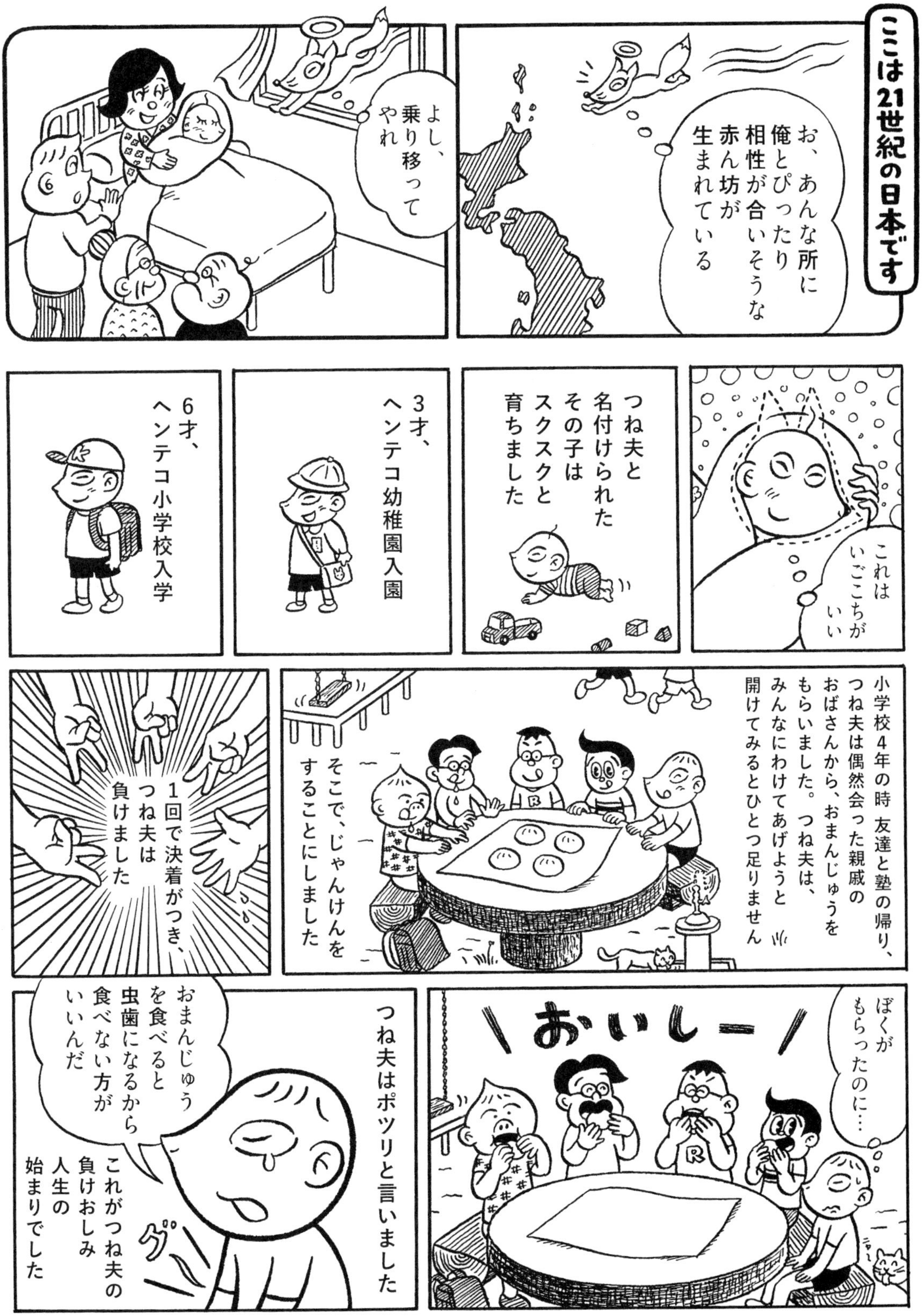
ここは21世紀の日本です
お、あんな所に俺とぴったり相性が合いそうな赤ん坊が生まれている
よし、乗り移ってやれ
これはいごこちがいい
つね夫と名付けられたその子はスクスクと育ちました
3才、ヘンテコ幼稚園入園
6才、ヘンテコ小学校入学
小学校4年の時 友達と塾の帰り、つね夫は偶然会った親戚のおばさんから、おまんじゅうをもらいました。つね夫は、みんなにわけてあげようと開けてみるとひとつ足りません
そこで、じゃんけんをすることにしました
1回で決着がつき、つね夫は負けました
ぼくがもらったのに…
おいしー
つね夫はポツリと言いました
おまんじゅうを食べると虫歯になるから食べない方がいいんだ
グ
これがつね夫の負けおしみ人生の始まりでした

中学1年の時
人気ゲームソフトの行列に朝から並んだところ…
SALE!
こっちこっち！
イエーイ
ラッキー
ヘンテコファンタジーください
ちょうど今売り切れました
完売しました
やった！！買えたね！
HF
ゲームをやると勉強する時間が無くなるからちょうどいい
中学3年の時
車に轢《ひ》かれそうな子供を助けようとしたら…
ブロロロ……
あぶない！
ママー
買ったばかりのジーパンが…
バシャ
あんな汚い人に近寄っちゃダメよ
買ったばかりで汚そうと思ってたからちょうどいい
高校2年の時
面白いギャグを考えたので友人に披露したら…
朝巻いてもバンダナ
しょーもな
翌日
朝巻いてもバンダナ
あ、オレのギャグ
ウケル！
アハハ
キャハハ
まね夫くんって面白い〜
天才〜
みんなが笑ってくれるんならそれでいいや
高校3年の時
合格が確実視されていた国立大学に落ちてしまった
発表の日
ない……
FOX
じつは試験当日、会場に向かうバスが、交通事故にあって大遅刻
フン、私立の方が自由だ
つね夫の人生はこのように負けおしみで満ちあふれていました
一見へこたれてないようにも見えましたが、なぜか寝ている時、涙が出てしまうつね夫でありました
フフフ、こいつも負けおしみだらけの人生で終わらせてやる
社会人になったつね夫はある日、友人の誕生会に行きました
HAPPY BIRTHDAY!
みんなありがとう！
HAPPY BIRTHDAY!

最後にデザートとして、つね夫が持ってきたぶどうを食べることにしました。
うまそう！
しかし、予想より人数が多く来てしまったため、一房足りません
例によってジャンケンです
またまたつね夫は負けてしまいました
フン、僕は別にぶどうを食べたくないし、
きっとそのぶどうはすっ…
と言いかけた時、密かにあこがれていたエミちゃんが言いました
つね夫くん、いっしょに食べよ！
エミちゃん…
つね夫くんって、
いつも運悪いよねこのぶどうもつね夫くんが持ってきたのに
つね夫はその時、一瞬何か体が軽くなったような気がしました
わあこりゃかなわん
ん？

不満《ふまん》な気持《きも》ちのバランスを取《と》る
―認知的不協和の解消

冒頭のイソップ童話では、キツネが「葡萄が食べられない」という不満を解消するために、食べてもいないのに「あの葡萄はすっぱい」と負けおしみを言うことで食べられなかった自分を強引に正当化しました。

また、キツネに憑《つ》かれたつね夫も、人生の中で様々な不運な出来事に直面するたびに、負けおしみを言って自分の状況を正当化していました。

この「食べたいけど食べられない」といったような、希望が叶《かな》えられない時に生まれる心の中の不快感を心理学では「認知的不協和」と呼んでいます。

私たちは自分の心に湧き起こる不協和を解消するために、時折心にもなかった言動をして心のバランスを取ろうとすることがあるのです。

―人間とは、かくもヘンテコな生きものなり。

ス、スッパイ

発見！ こんなところに ヘンテコノミクス

1. これから、あなたの性格診断をしようと思います。
どれか一つ好きな動物を選んで、あみだくじを辿って、
辿り着いた診断を読んでみてください。

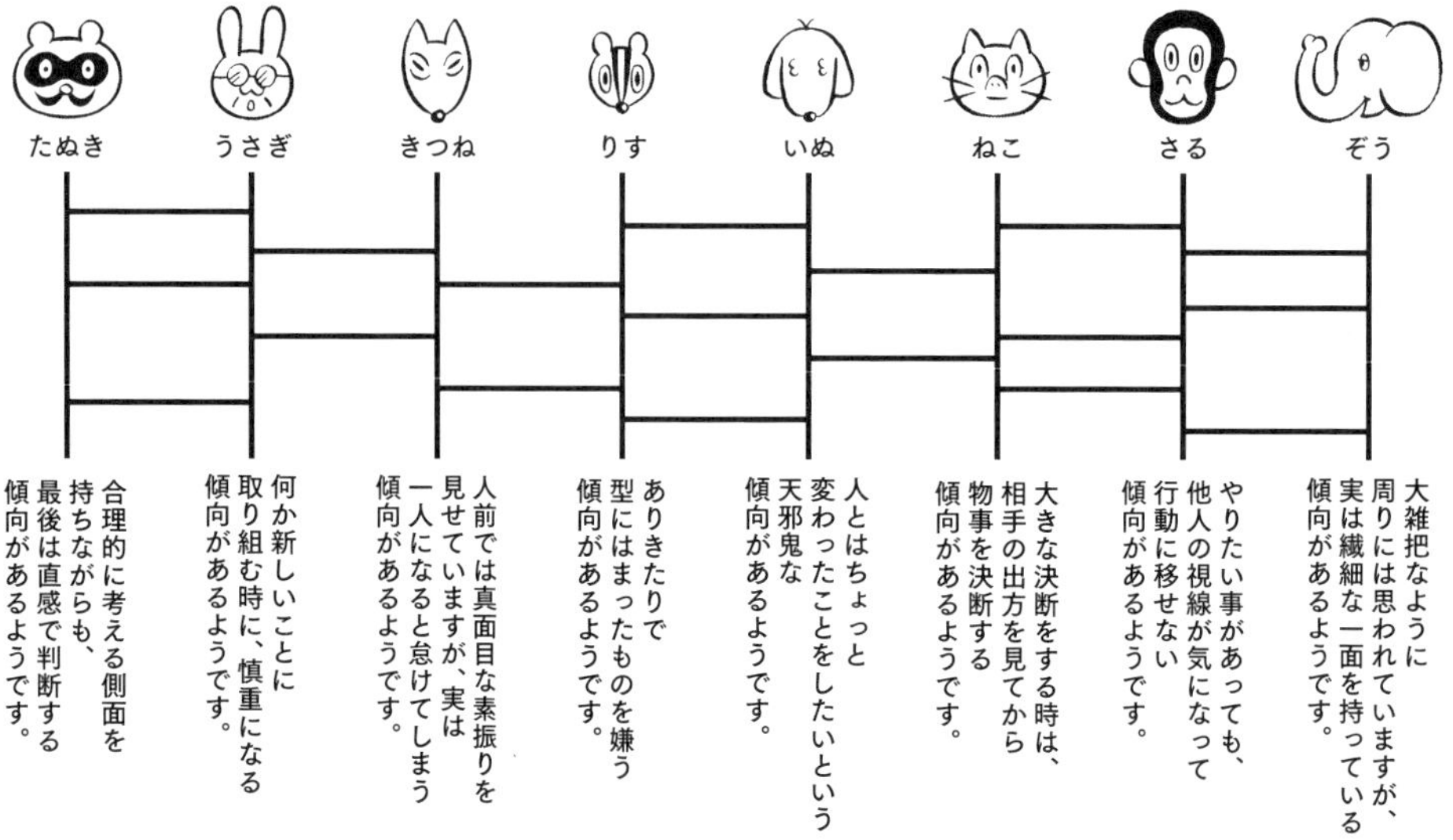

たぬき
うさぎ
きつね
りす
いぬ
ねこ
さる
ぞう
合理的に考える側面を持ちながらも、最後は直感で判断する傾向があるようです。
何か新しいことに取り組む時に、慎重になる傾向があるようです。
人前では真面目な素振りを見せていますが、実は一人になると怠けてしまう傾向があるようです。
ありきたりで型にはまったものを嫌う傾向があるようです。
人とはちょっと変わったことをしたいという天邪鬼な傾向があるようです。
大きな決断をする時は、相手の出方を見てから物事を決断する傾向があるようです。
やりたい事があっても、他人の視線が気になって行動に移せない傾向があるようです。
大雑把なように周りには思われていますが、実は繊細な一面を持っている傾向があるようです。

2. 今度はあみだくじの横棒を全て消してみました。
まっすぐ下に降りて、そのまま辿り着いた診断を読んでみてください。

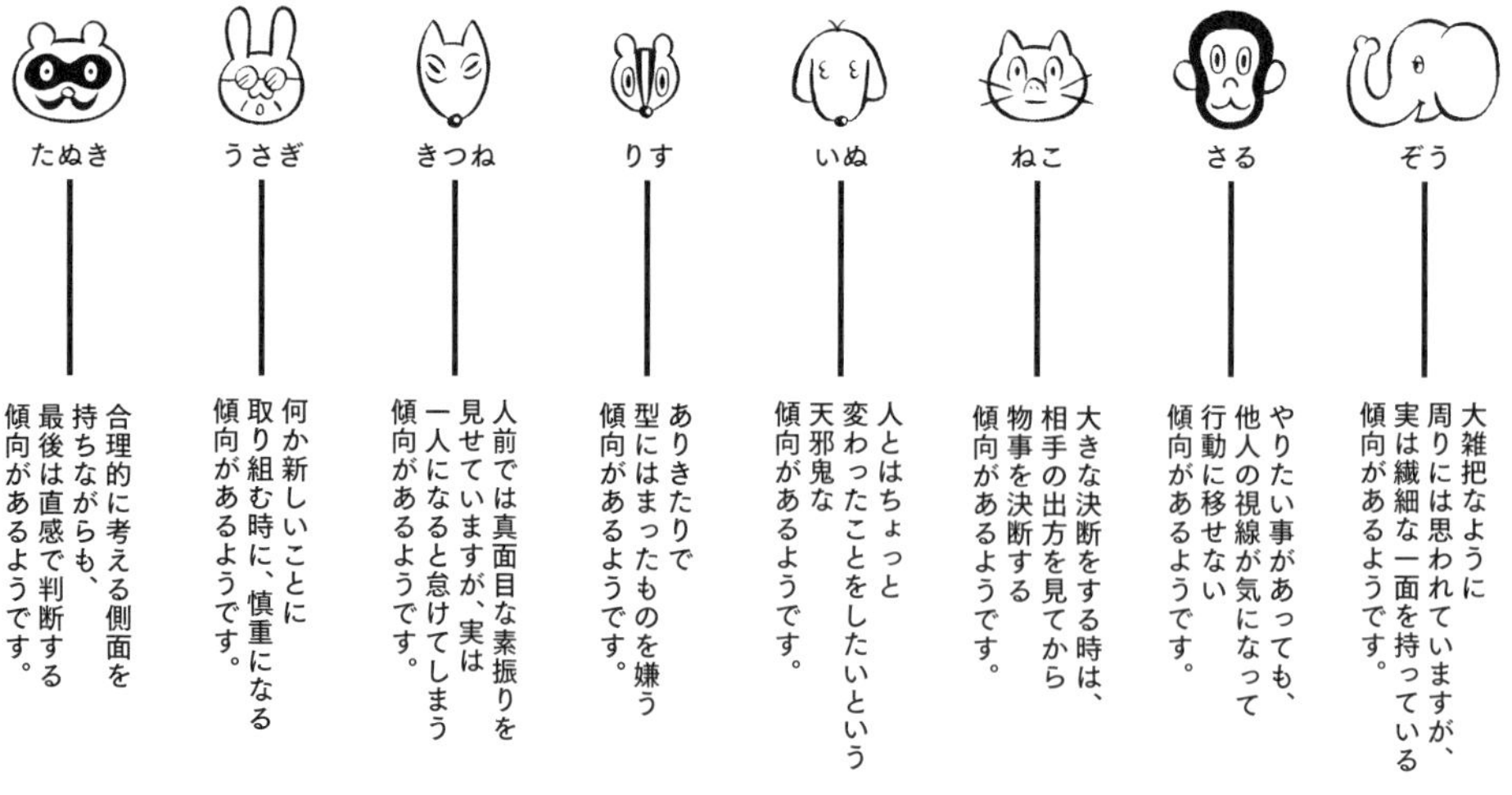

たぬき
うさぎ
きつね
りす
いぬ
ねこ
さる
ぞう
合理的に考える側面を持ちながらも、最後は直感で判断する傾向があるようです。
何か新しいことに取り組む時に、慎重になる傾向があるようです。
人前では真面目な素振りを見せていますが、実は一人になると怠けてしまう傾向があるようです。
ありきたりで型にはまったものを嫌う傾向があるようです。
人とはちょっと変わったことをしたいという天邪鬼な傾向があるようです。
大きな決断をする時は、相手の出方を見てから物事を決断する傾向があるようです。
やりたい事があっても、他人の視線が気になって行動に移せない傾向があるようです。
大雑把なように周りには思われていますが、実は繊細な一面を持っている傾向があるようです。

いかがでしたか。最初にあなたの辿り着いた診断を読んだ時には、「確かに自分にピッタリ合っている」と思われたのではないでしょうか。そして、**そのまま横棒を消して真下に進んだ時にも、何故か「自分にピッタリ」**と思ってしまったのではないでしょうか。

私たちは、実際はどんな人にでも当てはまる性格に関する記述を、提示のされかたによっては、自分のためのものとして解釈してしまうことがあります。そのような心理現象のことを「バーナム効果」と呼んでいます。

占いや性格診断のようなものも、実は「バーナム効果」によってそう思わされている可能性もあるのです。

第18話「お年玉《とし だま》クライシス」の巻
──損失回避の法則

賭け事が大好きな、かけごと好三（すきぞう）は、
普通にお年玉をあげるのに満足できず、
姪の福ちゃんに賭け事じみたある仕掛けを始めました。
はたして、福ちゃんは無事、お年玉を
手に入れることができるのでしょうか。

行動経済学まんが
ヘンテコノミクス
第18話「お年玉クライシス」の巻
ある年の元日のこと
かけごと 好三《すきぞう》(58才)
よし、せっかく福ちゃんが我が家にきてくれたことだし、お年玉を奮発するかの
好三おじさんまってましたー!
ただし、普通にお年玉をあげたら、このかけごと家の沽券《こけん》に関わる
かけごと好三
そこでわしは考えた
ロダン
ダンロ
それは名づけて
お・と・し・だ・ま
おとしだま…
クライシス
クライシス!
まず、わしの左手を見よ このポチ袋には、10万円入っておる
そして右手には、2つのポチ袋! そのどちらか1つにはなんと20万円!
10万円! さすがまだバブリー
やったー!
に、に、にじゅうまんえん!!
驚くのはまだ早い…
右手のもう1つの袋の中にはなんと…

ここで、読者のみなさんに質問です。
自分が福《ふく》ちゃんの立場だったら、
右手と左手どちらから選びますか？
決まったら、次に進んでください。

もちろん10万円が入ってる方！
それシカない
10万円って大金よ！
だって逆を選んだら、0円っていうのもあるのよ ここは確実に10万円もらっておくに限るわ
意外と夢がない奴じゃな
それにしてもいいお正月です
さて、書き初めを終え福ちゃんは羽根つきの練習をしていましたすると…
ガシャン
あっ、わしの大事なバカダのグラス！
これはチミたち一家が死んでも払えない金額なのよ
ほんとは景品
弁償します
福ちゃんのお父さんも一緒にあやまります
おじさんごめんなさい
ペコリ
そうだ!!
フフフ
0円
-10万円
-5万円
な、なにこのカード
好三、なにやら楽しいかけごとを思いついたようです
左手には-5万円と書かれたカード
右手には-10万円と0円と書かれたカード
フフフ引いたカードの金額だけ弁償してもらおう
もちろん、右手のカードはよくきってあります

-5万円
-10万円 もしくは 0円
さて、
どちらを選ぶ？
こっちは絶対5万円払わなくてはならない
うーん
こっちは、どちらかが10万円取られるけど、どちらかはまったく払わなくていい
さて、皆さんならどっちを選ぶ？ 決めてからこの先進め！
わたしはこっち！右手の方
だってもし左手を選んだら、ぜったい5万円払わなくちゃいけないのよ
しかも右手の方ならうまくいけば払わなくて済むし…
-5万円
0円
-10万円
しかし福ちゃんが引いたのは、-10万円のカード…
結局福ちゃんのお年玉は、なくなってしまいました

目《め》先《さき》の損《そん》を嫌《きら》う心理

—損失回避の法則

お年玉を貰う時は「もし全く貰えなかったら損」と考え、好三おじさんの挑発に乗らず、堅実な選択をした福ちゃんでしたが、弁償を決める賭けごとの時には「確実にお金を取られてしまうのは損」と考え、好三おじさんの企みにまんまと乗って、0円を引く可能性に賭けてしまいました。

その結果、福ちゃんはお年玉をふいにしてしまったわけですが、なぜ、福ちゃんは2回目の賭けごとの時は、最初のような堅実な選択ができなかったのでしょうか。

福ちゃんがお年玉を少しでも確保するためには、既に10万円貰っているわけですから、5万円を弁償して、残りの5万円を貰った方が確実です。しかし、私たちは目の前の損をとにかく避けたいという気持ちが強いため、損失が0円になる可能性を最優先に判断してしまうのです。

—人間とは、かくも
ヘンテコな生きものなり。

あなたなら、どうする？

もし、必ず1000万円もらえるのと
1/10の確率で10億円もらえるのでは
どちらを選ぶ？

期待値、つまり貰える予想値を計算すると、1/10の確率で10億円をもらえる方はなんと1億円です。一方、必ず1000万円もらえる方の期待値は、当然1000万円です。合理的に考え、期待値を比較すると1億円と1000万円では10倍も違うので、当然、1/10の確率で10億円もらえる方を選ぶべきです。しかし、ほとんどの方は、必ずもらえる1000万円の方を選ぶのではないでしょうか。

※期待値というのは確率から算出される見込みの値のことで、確率×金額で求められます。

第19話　「最高《さいこう》の日《ひ》の丸弁当《まるべんとう》」の巻

——参照点依存性

一見ごく普通の主婦、中村トミ子は、
実は鋭い観察眼と考察力を持っていた。
日々の生活の中で、トミ子が気づいてしまった
人間のヘンテコな習性とは何か。

行動経済学まんが
ヘンテコノミクス
第19話「最高の日の丸弁当」の巻
ミーンミーン
暑《あぢ》ー
地球温暖化の影響で連日35度を超える猛暑日を記録している日本の8月であった
野球部の朝練を終え、炎天下、中村まさ男は家に向かっていた
ただいまー
ヒュ〜 ヒュ〜
おー すずしー
おかえり 麦茶冷えてるわよ
のむのむー
プハー 生き返る〜
それにしても涼しくて気持ちいいけど、寒いくらいだね うち
あらいけない 24℃になってるわ これじゃ寒いはずよ
母さん 冷やしすぎー
それから半年後
やはりまさ男は練習でクタクタになり家路を急いでいた
ビュ〜
うう、寒《さぶ》〜
日中でも氷点下になるという記録的な大寒波に襲われている日本の2月
冷風の下、家に戻る中村まさ男であった
ただいまー
ビュー
ウォーム ウォーム
おー あたたかい
おかえりー あたたかいスープあるわよ
のむのむー
ふう 生き返る〜
それにしてもうちは暖かいねー 暑いくらいだよ
母さん 暖めすぎー
あらいけない 24℃になってたわ これじゃ暑いはずよね
その時一瞬、主婦トミ子にデジャヴが起こった
前にも、こんなことがあったような気がする

賢明な読者の諸君ならもうお分かりのように、同じ24℃の室温でも、
35℃
24℃
寒い
-1℃
24℃
暑い
ある時は寒く、ある時は暑く感じるそれは体感が外気温との比較になっているからである
ただいまーさぶ〜
おかえりー
中村家の主婦トミ子も、そのことに気づいていた
なるほど、比べるものがあると同じことでも違うように感じるのね
その夜のこと
母さん、ハラ減ったんだけど、何か夜食ない？
グ〜
何よあんた、あんなに夕飯ガッツリ食べたのに、もうお腹すいたの？
はい
しょうがないよ食べ盛りだし野球部なんだし
今用意するとしたら、こんなものよ
エッ！
白いご飯にのりに梅干し？
育ち盛りには、ちとつらいなー
なんか肉っぽいのないの？
たしかにもの足りないかも…
そうだ！こういう時は比べるものを用意すればいいんだ
どうしたの母さん…
まさ男、よく聞きなさい、もしここがニューヨークだとして、まさ男はもう1ケ月滞在してたとする
なんだよ母さんいきなり
まあ黙って聞きなさい
毎日毎日、食事といえば肉の塊例えばぶ厚いステーキ、味の濃いポークチャップにローストターキー大味のハンバーガー油ギトギトのフライドチキン最初は嬉しかったけど、10日もすると苦痛になり、さらに10日たつと苦行のようにもなってきたさあ、そんな時にこの白いご飯が現れたらどうする？
もう我慢できないー！
いただきまーす！
ガツガツ
のりまきごはんさいこー
うめぼしすっぱくてうめー
母さん、うまかったー！
Good Job!
中村トミ子は比較対象を設けることが、これほどまでに価値を変えてしまうものかと内心驚いていた

そして、翌朝
ガバッ
あ、いけない！大寝坊した!!
トミ子は前夜の夜更かしがたたって、はげしく寝坊してしまった
どうしよう、お弁当のおかずを作ってる時間がない！
そうだわ！
キンコーン カーンコーン
やっと昼休みが来たよ～
弁当だ弁当だ～
早弁したかったけど、なんとかここまで我慢できた～
グ
お前んとこ
なんのおかず？
タコウインナーに卵焼き？
最高～
お前んとこ
のり弁に鮭つき？
最高じゃん！
中村んとこ何？
ん？
お弁当を食べながら読んでください 母
手紙付き？
え、お前んとこ、いつも弁当に手紙付いてくるの？
いや、初めてだよ
えっなんだろ
お弁当を食べながら読んでください 母
パカッ
わっ、典型的な日の丸弁当～！
？
なんて書いてあんの？
昨日の話を思い出してください もしここがニューヨークだとして、まさ男はもう1ケ月滞在しています 毎日毎日、食事といえば肉の塊 例えば
ぶ厚いステーキ
味の濃いポークチャップ
に
ローストターキー
油ギトギトのフライドチキン
大味のハンバーガー
最初は嬉しかったけど、10日もすると苦痛になり、さらに10日たつと苦行のようにもなってきた さあ、そんな時にこの日の丸弁当が現れたらどうする？
悔しいけど
うまい～

基準《きじゅん》に引《ひ》っ張《ぱ》られて、価値《かち》が変《か》わる
ー参照点依存性

まさ男は、同じ24℃の室温でも外が35℃を超える猛暑日は、寒いくらいに涼しく感じ、外が氷点下になるほど寒い日には、暑いくらいに感じるといったように外気温と比較することで、両極端な感じ方をしました。

また、夜食に出た白いご飯も、育ち盛りのまさ男にとってはおよそ魅力的な食べ物に見えませんでしたが、母の言った通り、「自分は1ヶ月間ずっと肉ばかり食べていて、脂っこいものに飽き飽きしている」と想像した上で食べると、異様なほど、おいしく食べることができました。これも、空想上の食べ物と比較することで、白いご飯自体の評価が変わったためです。

このように私たちは、何か物事を評価する際、その物事の絶対的な価値ではなく、基準となる状態（参照点）との相対的な比較によって価値を決めてしまうことがあります。そのため、同じものでも参照点が変わると、価値が全く変わってしまうことがあるのです。

ー人間とは、かくも
ヘンテコな生きものなり。

中村平八の参照点依存テスト その①

さらに 実験はつづく

中村平八の参照点依存テスト その②

右足に
ゲタをはき
左足に
フォーマル
シューズをはく
その後で
いつも会社に
はいて行く
くたびれた
革靴をはくと
…
おぉ
おぉぉ…
なんと左足は
リラックスして
楽になった
右足は
ちょっと緊張して
会社に行かなくちゃ
って感じになった!

第20話 「漢字《かんじ》の抜《ぬ》き打《う》ちテスト」の巻

――錯誤相関

ヘンテコ女子校に通う高校生・重井小美代《おもいこみよ》は、
ある朝、学校でふでばこを忘れたことに気が付いた。
そんな時に限って、1時間目から漢字の抜き打ちテストがあった。
隣の友達にペンを借り、テストをやり出した小美代は、
妙なことに気が付いたのであった。

行動経済学まんが
ヘンテコノミクス
第20話「漢字の抜き打ちテスト」の巻
重井小美代《おもいこみよ》は、私立ヘンテコ女子高に通う17才。ある朝のこと
あっいけない
ふでばこ忘れちゃった
おはよー
1時限目は現国であった
キンコン
カンコン
きりぃーつ
れい
ちゃくせきー
今日はいきなりだが
フフフ
第3章の漢字の抜き打ちテストを行うっち
佐戸真蔵《さとまぞう》(58才)
えーちょーさいてー
だから奥さんに逃げられる
漢字ワルーイ
さすがサド
さいてい以下
書くものかして
いいよー
ありがとね
テストをやりながら小美代はふと思った
そう言えば前にもこんなことが…
あっいけない
ふでばこ忘れた
キンコン
カンコン
きりぃーつ
れい
ちゃくせきー
今日はいきなりだが第2章の漢字の
抜き打ちテストをやるっちフフフ
さいてい
サドー
趣味に走ってるー
うすらわらいやめろー
奥さんとうまくいってないだろ
わるいけど
いいよー
書くものかして

テストが終わって小美代は考えた
イテッ
2時限目
もしかして
3時限目
私が
4時限目
ふでばこを忘れると
昼休み
抜き打ちテストが
5時限目
あるの
6時限目
ではないだろうか
きっとそうに違いない
だとするとそうだ!
小美代はある企てを思いついた
数日後のある朝
小美代、ふでばこ忘れてるわよ
パタ
パタ
いいのいいの、今日はふでばこ忘れてくの
実は前の晩、徹夜で
現国の第4章の漢字の
勉強をしたのであった
きりーつ
れい
ちゃくせきー
さて今日は
ヒヒヒ
キタキタキターッ
前回のつづきの夏目漱石の「こころ」
を読むっち
現国
えっ抜き打ちテストじゃないの?
せっかくふでばこ忘れたのに~
負けるな小美代《こみよ》!覚えた漢字は一生モノになるはず

さてここは佐戸真蔵の自宅
ふうーたいへんたいへん
フフフ
抜き打ちテストは楽しいが採点は楽じゃないっち
今回もめちゃ厳しくしてやったっち
おわったおわったおわった
フフフ
そうだ！たしか今日は宝くじの発表日だっち
真蔵は居間で新聞を見て驚いた
おっおー
なんと4等の1万円が当たっていたのだ！
うれちー
その時真蔵は思った
そういえば前にもこんなことが
数日前
よし採点も済んだし
宝くじの当たりでも見るっち
おおおやったっち！
1万円当たったたっち！
真蔵はある事実をつかんだ
そうだ、宝くじの発表日に
抜き打ちテストをやると当たるっち…
きりいーつ
れい
ちゃくせきー
さて今日は
ヒヒヒ
キタキタキターッ
前回のつづきの夏目漱石の「こころ」を読むっち
現国
えっ抜き打ちテストじゃないの？
ガーン
せっかくふでばこ忘れたのに〜

先生！
なぜ今日は
抜き打ちテストが
無いんですか！
なんて妙なことを
言うんだっち、君は
過度の思い込みは
百害あって一利なしっち
フフフ
そして
その日の帰り道
1等5億円でました!!
50万円
バラで
くれっち！
えっ
ご、ご、
ごじゅう
まんえん…
フフフ
フフフ、来週の発表日に
抜き打ちテストをするから
絶対当たるっち
何
言ってんだ
この人

関係《かんけい》の無《な》いこと同士《どうし》に、関係《かんけい》があると思《おも》い込《こ》む
―錯誤相関

小美代は、勝手に
「自分が筆箱を忘れると必ず抜き打ちテストがある」
と思い込み、わざと筆箱を忘れることで、
テストを意図的に引き起こそうと目論《もくろ》みますが
当然、失敗してしまいました。

一方、佐戸先生も、同じく勝手に
「自分が抜き打ちテストをやった日には宝くじが当たる」
と思い込んでしまったため、
買った宝くじの当せん発表日にわざと抜き打ちテストをやることで
宝くじを当てようと画策しますが、
やはりこちらも見事に失敗してしまいました。

このように私たちには、たまたま自分が遭遇した2つの出来事に対して、
勝手に結びつけて「2つの間には何か関係がある」
と思い込んでしまう「錯誤相関」と呼ばれる現象があります。

例えば抜き打ちテストがあった日は、筆箱を
忘れた以外にも様々なことが起きていたはずです。
しかし、「抜き打ちテスト」と「筆箱を忘れた」
という特別な出来事だけを、
勝手に関係づけて捉えてしまったために
「私が筆箱を忘れた日にはテストがある」
という全く根拠の無い勝手な結論を
導いてしまうようなことが、あるのです。

―人間とは、かくも
ヘンテコな生きものなり。

1週間後
ガクッ
なぜだ、
今日抜き打ちテスト
やったのにっち…
50万円が
パー

第21話「無《む》料《りょう》の誘《ゆう》惑《わく》作《さく》戦《せん》」の巻

——無料による選好の逆転

口八野夫妻がデパートのレストラン街でランチを楽しんでいると、テーブルの上になにやら気になる情報が。

レストラン側が次から次へと仕掛ける戦略に、夫婦は翻弄されていく…。

行動経済学まんが
ヘンテコノミクス
第21話「無料の誘惑作戦」の巻
ここは東京・池袋のSデパートレストラン街の一角
このランチなかなかよね
只野徳代《ただのとくよ》
只野好太《ただのこうた》
これで900円はリーズナブルだな
もう低価格戦略も限界です
これだけでは売上はどんどん下がっていきます
あっ、あなたこれ見てよ
2000円以上ご注文されたお客様は駐車料金600円がタダ
そうか、私たちは今1800円だから駐車料金が600円かかるのか
そこで戦略を立てました無料の誘惑作戦
な、なんだそりゃ
違うわよあなた、もう少し頼むのよ
えっ、もう少しって何を？
一日当たりの来店客数の減少に歯止めがかからない今、やらなければならないことはただ1つ、客単価を上げることなのです
コーヒー1つ！コーヒーは400円よね
2200円になったから、駐車料金がタダになったわ
あれ、こっちにも何か書いてある
何っ
3000円でランチ券がタダ
例えば
2000円で1時間の駐車料金600円がタダ
ただ
開店5周年記念 ただ今3000円以上の食事をされた方に900円のランチ券を差し上げます
あと800円で
900円のランチ券がもらえる
さらに開店5周年にかこつけて
3000円でランチ券無料
私にショートケーキ1つ、そしてこの人にコーヒーあげてちょーだい ショートケーキは500円よね
これでしめて3100円
ふふふ、ケーキは美味《おい》しいしランチ券もタダでもらえるし…
こいつこういう計算だけは速いな
さらに
さらに？

駐車料金1時間過ぎるとさらに600円かかる！ケーキ食べてる場合じゃないぞ
あっ！
何ですと?!
これです！
4000円で追加の1時間分の駐車料金が無料
オォ～
この人にケーキとコーヒー持ってきて
これで4000円になるわよ
それで確かに駐車料金はタダになるけど、義務ケーキはつらい…
かくして客単価はうなぎのぼり
4000
2000
1800円
2200円
2800円
3600円
フフフ
結局ランチだけで4000円も使ったじゃない
それにしてもケチな私たちにあそこまで使わせるとは…
その結果臨時ボーナスがもらえた
よくやった
何か敗北感しかないわ
いや、待てよこの使わせ方、何かおぼえがあるな…
臨時ボーナスも出たし今夜はネット通販で何か買おうかな
たのちみー
ガタン
ゴトン
遅ればせながら、ここで紹介
eコマース大好き
生駒進《いこますすむ》
(32才・既婚)
そう言えばウチの会社も同じような戦略を立てたばかりだ
ブロロロロ
なにニヤニヤ見てんのよ
臨時ボーナスのことはこいつには内緒にしとこう
その妻
生駒すみれ

実は読みたい小説があったんだよな
RAKZON
数日前の会議室にて
只野課長
かつては右肩上がりだったネット通販業界も最近は厳しい
上下巻2冊で1800円か
えっ
2000円買うと送料350円が無料!?
そこで我が社ラクゾンも2000円から送料無料で行く
じゃBRUTUSを買おうかな+680円で2480円っと
えええっ
3000円買うと買い物チケット500円がもらえる!?
なんでやねん!
BEER
それだけじゃない
3000円以上買ったユーザーに500円の買い物チケットをプレゼントする!
じゃあどうせ飲むものだから、ビールをまとめ買いして+1200円で計3680円っとこれで500円券ゲット!やった!
BEER
とにかく一人当たりの単価を
上げなくてはならない
えっ
4000円以上買うとUSBメモリ8GB(500円相当)がタダ!?
さらに4000円以上のユーザーには500円のUSBを無料であげる!
USB

「タダ」が判断《はんだん》を狂《くる》わせる

ー無料による選好の逆転

最初はリーズナブルで美味しいランチを食べていたはずの只野夫妻は、いつの間にか「2000円以上の食事で駐車料金無料」や「3000円以上の食事でランチ券プレゼント」といった要素に釣られて、最終的にはランチの倍以上の出費をしてしまいました。

また、ネット通販をしていた生駒進も「合計購入金額が2000円以上だと送料無料」や「合計購入金額が3000円以上だと500円の買い物券プレゼント」といった特典に釣られて、こちらも最初に欲しかった本の倍以上の出費をしてしまいました。

私たちは、合理的に考えればこれ以上出費すべきではない状況にもかかわらず、一度「無料」という言葉を見せられてしまうとたとえ合計金額が上がったとしても、「どうせ必要なものだから」等と、様々な理由を付けて、なりふり構わずに「無料」になるための選択肢を選んでしまうという心理傾向があります。

世の中に「無料」と書かれたものが多いのは、こういった人間の心理傾向があることも理由の一つなのです。

ー人間とは、かくもヘンテコな生きものなり。

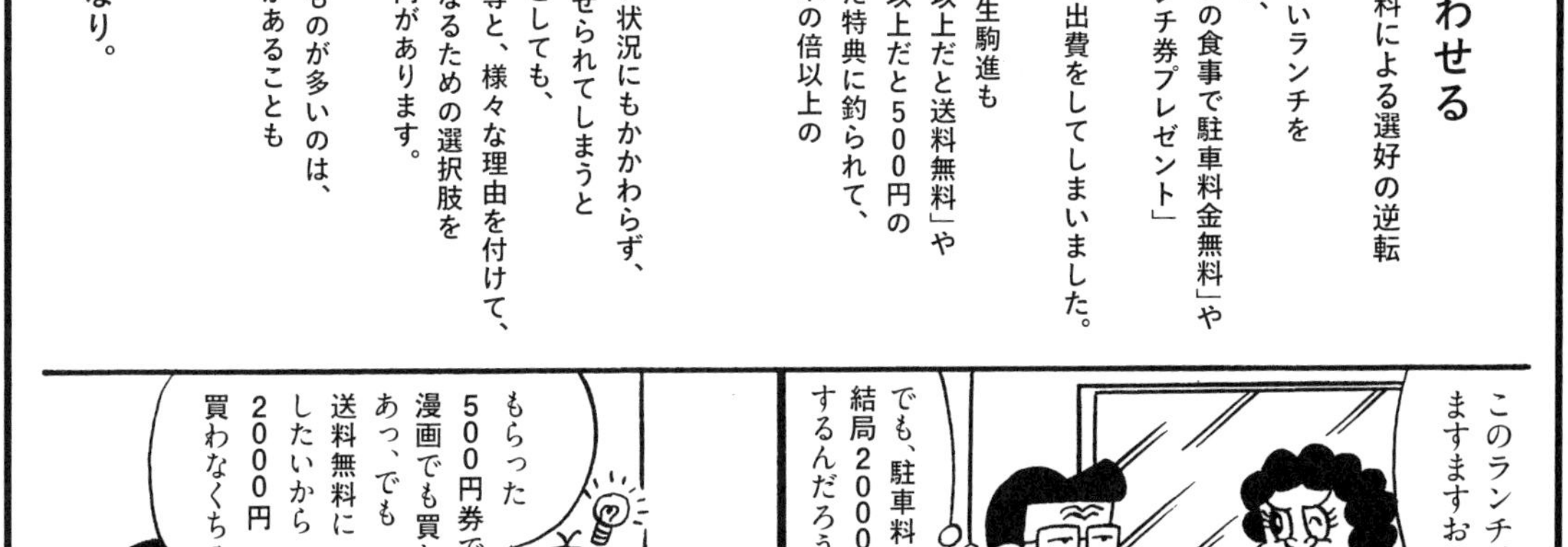

彩《あや》と克彦《かつひこ》 その②

オーナー、1300円のBランチ
ばかり出て、1500円の
Aランチはさっぱりです…

いいアイデアがある！

Aランチのさらに上に
1700円のSランチを作るんだ！

客1：ぼくAランチ
客2：私もAランチ
客3：やっぱAだろ
客4：Bランチだと一番下だし
Sランチは高いし…

すごいです。客単価が
確実に上がり、売り上げも
伸びています

まあな　ふふふ

実は、私は、そんな
克彦さんの小賢《こざか》しいところが
なんか信用できないの…

行動経済学的解説②【極端回避性】
この漫画では、第10話（63ページ）と同様の「極端回避性」という、複数の選択肢があると無難な（真ん中の）選択肢を選んでしまう現象を扱っています。

第22話「秘《ひ》伝《でん》のタレ入《い》り特《とく》製《せい》ラーメン」の巻
――プラセボ効果

効果の無いニセモノの薬（偽薬《ぎやく》）を本物と偽って飲ませると
なんと実際に効果が出てしまうことがあります。
それを「プラセボ（偽薬）効果」と呼びます。
しかしその効果は、必ずしも医学の分野には限りません。

行動経済学まんが
ヘンテコノミクス
第22話「秘伝のタレ入り特製ラーメン」の巻
ラーメン横丁にある老舗の中華料理店、ヘンテコ亭では一人の名コックが働いていた
ん？
コック長、オーナーがお呼びです
業務命令？
そうだ
明日から、新メニュー
〝秘伝のタレ入り特製ラーメン〟を始める！
秘伝のタレ入り？
ちょっと待ってください
いきなり新メニュー、しかも〝秘伝のタレ入り〟なんて、そんなもの今まで作ってないですし
無理ですよ
大丈夫だ とにかくお前は今までのラーメンと同じものを特製ラーメンとして出せばいいんだ、まあ器だけは高級のものを用意したがな
器だけ変えるって
そんな無茶な
いいから
やれ
次の日
コックは渋々オーナーに言われた通り、特製ラーメンを注文されても、普通のラーメンと同じラーメンを作って出しましたすると…
器だけ高級
ちょっと高いけど、こっちの方が美味しいわね
さすが秘伝のタレを使った特製ラーメンだ！いつものラーメンとコクが違う！
なんと客は気付かないどころか、大評判になってしまいました
ヘンテコ亭
ほっほっほ
材料は同じなのに高い値段を出してくれるなんて大儲《もう》けだ

オーナー!!
こんな客を騙《だま》すようなこと、私にはもうできません!
そんな大声を出すと、客に聞こえるじゃないか、ばかもの! そもそも客は「今までより美味《うま》い」と喜んで食べて満足してるんだ、何が悪いんだ?
あれ、ケンカしてるぞ
おいちぃー
お前は客のあの喜びを嘘だと言うのか?
それから数日後
ラーメン横丁
秘伝のタレ入り特製ラーメンが出てからというもの、
コックの悩みは日に日に大きくなっていた
牛丼
ある日の帰り道、コックの足は自然と、占い横丁に向かっていくのであった
占い横丁
あんな偽りのラーメンを作るくらいなら、いくら給料がよくても別の店に移ったほうがいいのかも…
でも、子供もまた生まれて3人になったからなあ ここは一つ、占いでもしてみるか
あ!
占い横丁でコック長が見たものは
チベット占い
チベットで修行の果てに身につけた占術であなたの未来をズバリ占います
チベットでの修行の果てに身につけたって、すごくないか、この占い!
Tibet
チベット占い
よし、自分の進むべき道を占ってもらおう
今の店
店をうつる
チベットで修行の
あっ
また客だ あの看板の効果は凄まじいな 値段を上げたのに客は倍増だ
やはり、先日のひらめきは
正しかったな

数日前のこと
最近客が少ないなあ
ガラ〜ン
この占い横丁も発展して、こんだけ商売敵《がたき》が増えると客が減るなあ
占い横丁
柱
四
手相
開運
占
ラーメン横丁
ヘンテコ亭
PACHINKO
なんか心が寒い…ラーメンでも食べて温まって帰ろう
ヒュー
占い横丁
おっ、いつもの店がすごく混んでる!
ヘンテコ亭
やっと座れた!
メニュー
何?
新メニュー!?
メニュー
ジャーン
新メニュー 料理長が広州を5年間渡り歩き作り上げた秘伝のタレ入り!! 特製ラーメン
〝秘伝のタレ入り特製ラーメン〟『料理長が広州を5年間渡り歩き作り上げた』って、凄そうだな。よし、これにしよう
これが秘伝のタレ入りスープか! あからさまなコクよりも奥に秘めたる旨味が
最後まで飽きをこさせない! しかも、麺自体もツヤが増しているように感じる…
すると、何やら店の奥から変な笑い声と話し声が聞こえてきた
おいちい
?
ほっほっほ
材料は同じなのに高い値段を出してくれるなんて大儲《もう》けだ

それに続いて何やら小競り合いの声が
エッ
オーナー!!
こんな客を騙すようなこと、私にはもうできません!
そんな大声を出すと、客に聞こえるじゃないか、ばかもの! そもそも客は「今までより美味い」と喜んで食べて満足してるんだ、何が悪いんだ? お前は客のあの喜びを嘘だと言うのか?
えっ、嘘だろ!?
このうまいラーメンが、いつも俺が食べていたラーメンとは
いや待てよ、
そうか!!

信《しん》じ込《こ》むことで、感《かん》覚《かく》さえも変《か》えてしまう

ープラセボ効果

ラーメン屋のオーナーは、普通のラーメンと全く同じものを「秘伝のタレ入り特製ラーメン」として高い値付けで売り出しましたが、客は全く同じであることに気づかないどころか、「美味しくなった」と高く評価しました。

一方で、占い師はラーメン屋で、オーナーとコックの諍《いさか》いを聞きながら自分の占い店が繁盛するためのヒントを得て、「チベットで修行した占術」と看板を出して大繁盛することになりました。

どちらも、いかにも凄そうに見える理由を適当に付けただけなのですが、客がそれを信じ込むことで食べているものの味が美味しくなったと感じたり占いに信憑性《しんぴょうせい》を感じてしまったわけです。

このような心理現象のことを、元々は、効果の無い偽薬《ぎやく》を本物と偽って飲ませると実際に効果が出てしまうというところから「プラセボ(偽薬)効果」と呼んでいます。

何の効果や変化も無いものでも、効果があると偽ったり、高い値付けをすることによって、正当性を感じさせて信じ込ませることで、実際の感覚にまで影響を及ぼしてしまうことがあるのです。

ー人間とは、かくもヘンテコな生きものなり。

秘

発見！こんなところにヘンテコノミクス

“偽薬《ぎやく》”は、既に商品として販売されている

効力のない成分からなる薬、つまり偽薬は既に現実の商品として販売されています（写真参照）。

その名も「プラセプラス」と言い、なんとプラセボ製薬という会社が製造販売しています。一体、何に使われるのでしょうか。

この商品は、プラセボ効果によって何か具体的な治療効果を引き出すのではなく、高齢者などが薬を飲まないことに対して抱いてしまう不安感を、偽薬を飲ませることで解消するという目的で使われています。実際の薬ではないので、もちろん副作用についてまったく心配はいりません。

この偽薬は、本物の薬だと思い込ませるために、ただの麦芽糖を通常の薬と同じサイズ、同じ形状に成形し、パッケージや梱包なども、本物の薬に限りなく近いデザインにしています。

このように、偽薬は、単に人間の心理効果を測るための実験の道具だけでなく、ある目的のために社会で実際に使われている事例もあるのです。

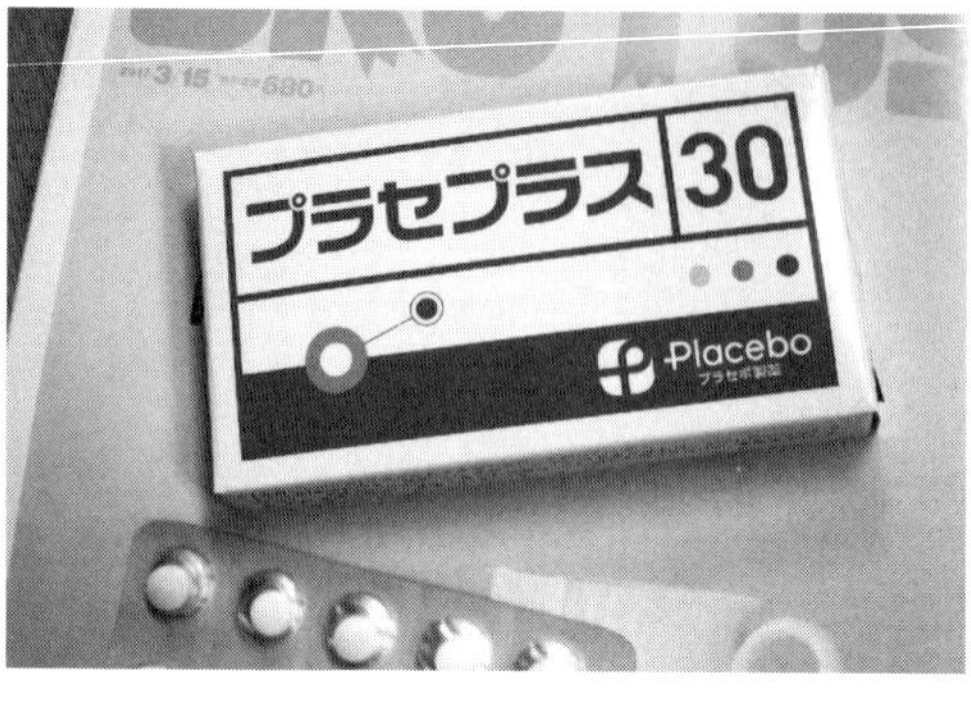

ちなみに、このプラセボ製薬のスローガンは、「**人の為にニセモノだからできること**」で、プラセボだからできる医療費の低減や、愛情を込めたウソで楽になる介護をめざしています。

ニセモノをこのように前向きに捉え、新しいクオリティを持つ医療を目標としているこの会社は、ひとつの誠実さを体現していると言わざるを得ません。

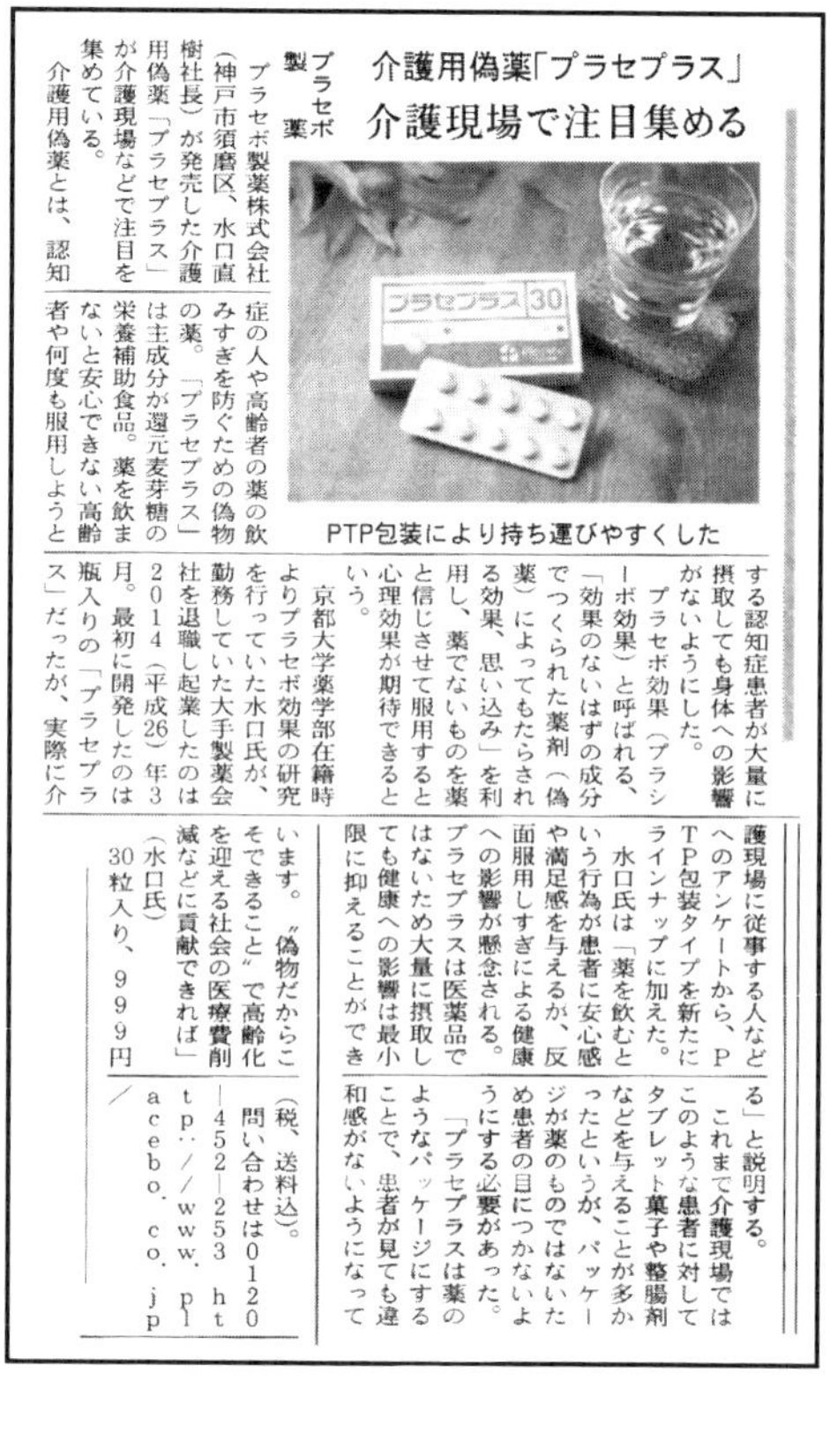

介護用偽薬「プラセプラス」
介護現場で注目集める

プラセボ製薬

プラセボ製薬株式会社（神戸市須磨区、水口直樹社長）が発売した介護用偽薬「プラセプラス」が介護現場などで注目を集めている。

介護用偽薬とは、認知症の人や高齢者の薬の飲みすぎを防ぐための偽物の薬。「プラセプラス」は主成分が還元麦芽糖の栄養補助食品。薬を飲まないと安心できない高齢者や何度も服用しようとする認知症患者が大量に摂取しても身体への影響がないようにした。

プラセボ効果（プラシーボ効果）と呼ばれる、「効果のないはずの成分でつくられた薬剤（偽薬）によってもたらされる効果、思い込み」を利用し、薬でないものを薬と信じさせて服用すると心理効果が期待できるという。

京都大学薬学部在籍時よりプラセボ効果の研究を行っていた水口氏が、勤務していた大手製薬会社を退職し起業したのは2014（平成26）年3月。最初に開発したのは瓶入りの「プラセプラス」だったが、実際に介護現場に従事する人などへのアンケートから、PTP包装タイプを新たにラインナップに加えた。

水口氏は「薬を飲むという行為が患者に安心感や満足感を与えるが、反面服用しすぎによる健康への影響が懸念される。プラセプラスは医薬品ではないため大量に摂取しても健康への影響は最小限に抑えることができる」と説明する。

これまで介護現場ではこのような患者に対してタブレット菓子や整腸剤などを与えることが多かったというが、パッケージが薬のものではないため患者の目につかないようにする必要があった。

「プラセプラスは薬のようなパッケージにすることで、患者が見ても違和感がないようになっています。“偽物だからこそできること”で高齢化を迎える社会の医療費削減などに貢献できれば」（水口氏）

30粒入り、999円／（税、送料込）。問い合わせは0120－452－253 http://www.placebo.co.jp

PTP包装により持ち運びやすくした

2015年9月7日付「日刊ケイザイ」（日刊経済新聞社）より

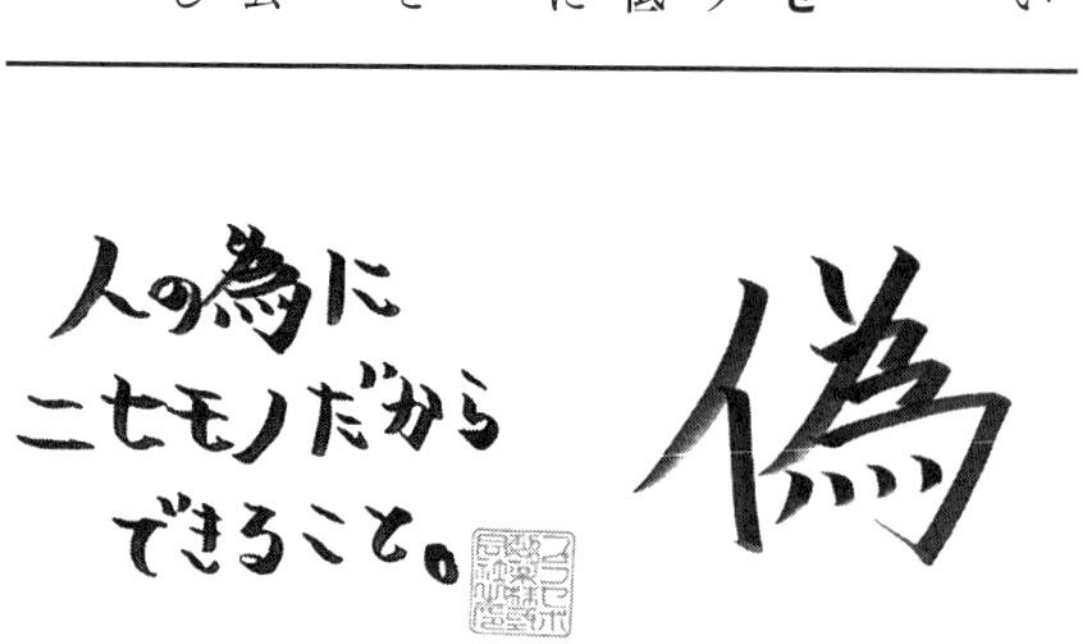

placebo.co.jp

第23話「脳裏《のうり》に浮《う》かぶ一本道《いっぽんみち》」の巻

――双曲割引

デコ山家は、息子・大介の大学受験で大騒ぎ。
近い従兄弟の合格にはプレッシャーを受ける一方、
遠い親戚の合格は気にしない息子の様子を見て、
父・デコ山のぼるの脳裏には、
ある一本道が浮かんでくるのでした。

行動経済学まんが
ヘンテコノミクス
第23話「脳裏に浮かぶ一本道」の巻
大介、あんた、今日までの入試、全滅だったじゃない あとは国立だけよ
ショボン
妹の佳子のとこの善太君は早稲田に受かったし、
佳子
善太
見栄子
のぼる
大介
早稲田決定!!
洋二のとこのさゆりちゃんは、慶應に受かったし、私、肩身狭いわ
洋二
佳子
さゆり
慶應決定!!
善太
大介
ショボン…
いとこが2人とも合格って、
かなりのプレッシャーだなぁ
あなたも何か おっしゃってくださいよ
そう言えば、私の姉の旦那の一番上のお姉さんの洋子さんって言ったかなぁ、その人の旦那さんの甥も上智に受かったらしいよ
洋子?
どこどこ?
それって、全然プレッシャーにならないんだけど
あなた!
そうか 関係が遠いと、効果ないんだね スマンスマン
その時、この父親の脳裏にある一本道が浮かんだ
目の前で胴上げをされたら、
受かってない者には痛すぎる…
合格よ~
バンザーイ
や、やめてくれ~~
片や、遠くで胴上げをしていても、
誰がやってるのかもそもそも胴上げしているのかさえも分からない
?

しかし、1ヶ月後
こうやって家族で海外旅行に行くの初めて
ワクワク
しかも、おふらんす
大介に感謝だな、国立に受かってくれて
まぐれでもね
ハハハ
まぐれは余計だよ
おや、
母さん、泊まるホテルから、たった2kmのところにいい感じの美術館があるぞ
まあ、素敵 ぜひ、行きましょ、行きましょ
いいねえ、芸術の都を満喫だぁ！
nike
というわけで一家はフランスはパリへ
はやくも滞在5日目
母さん、今日こそは、買い物ではなく、例の美術館に行こうか
ん？
ホテルから、どの位だっけ？
2kmだよ
HOTEL
2Km
えー、2キロ、かったるすぎない？すぐそこだとばっか思ってた
ちょっとめんどー
日本ではあんなに行く気、まんまんだったのにな…
父親の脳裏に、また一本道が浮かんだ
日本から見たら、パリのホテルと美術館は同じ所にある
HOTEL
片や、いざホテルから見ると2km先の美術館は遠い

さて、この一家の父親は、デコ山のぼる（65才）と言って、ヘンテコ物産総務部長である
人の良さだけでここまで昇進できたが、定年間近
MEC
実は1年前のこと、大学時代の友人・森川に頼まれて100万円を貸しており、今日はいよいよ返済の日
はい100万円と
利子の1万円、助かったよこのお金
実はそこで相談なんだが
えっ、相談…
この100万円をもう1週間貸してくれないか？
1年間に比べたら、1週間なんか誤差じゃないかさらに1000円の利子を付けるからさ
いちねんかん
1週間
う〜ん
さて、読者諸君ならどうするだろうかデコ山の答えは…
悪いけどこの100万円は今もらうよ
そうか…
……
じゃあまたな…
数日後
今度は高校時代の友人、清水が訪ねてきた
母親の介護の費用が出せないんだ100万円貸してもらえないだろうか1年後には必ず返すから
あのお母さんが…
デコ山は、先日の100万円を貸すことにした
ありがとう!!一生恩にきるよ！利子は1万円払うよ
ところが翌日
清水がまたやってきた
あの、申し訳ないんだけど、昨日の1年後に返すという約束、1年と1週間後にしてくれないだろうかさらに1000円の利子を付けるから
う〜ん
さて、読者の皆さんならどうする？
いいよ、でも1週間の延長だけで、1000円も利子を付けてもらえるなんて悪いなあ

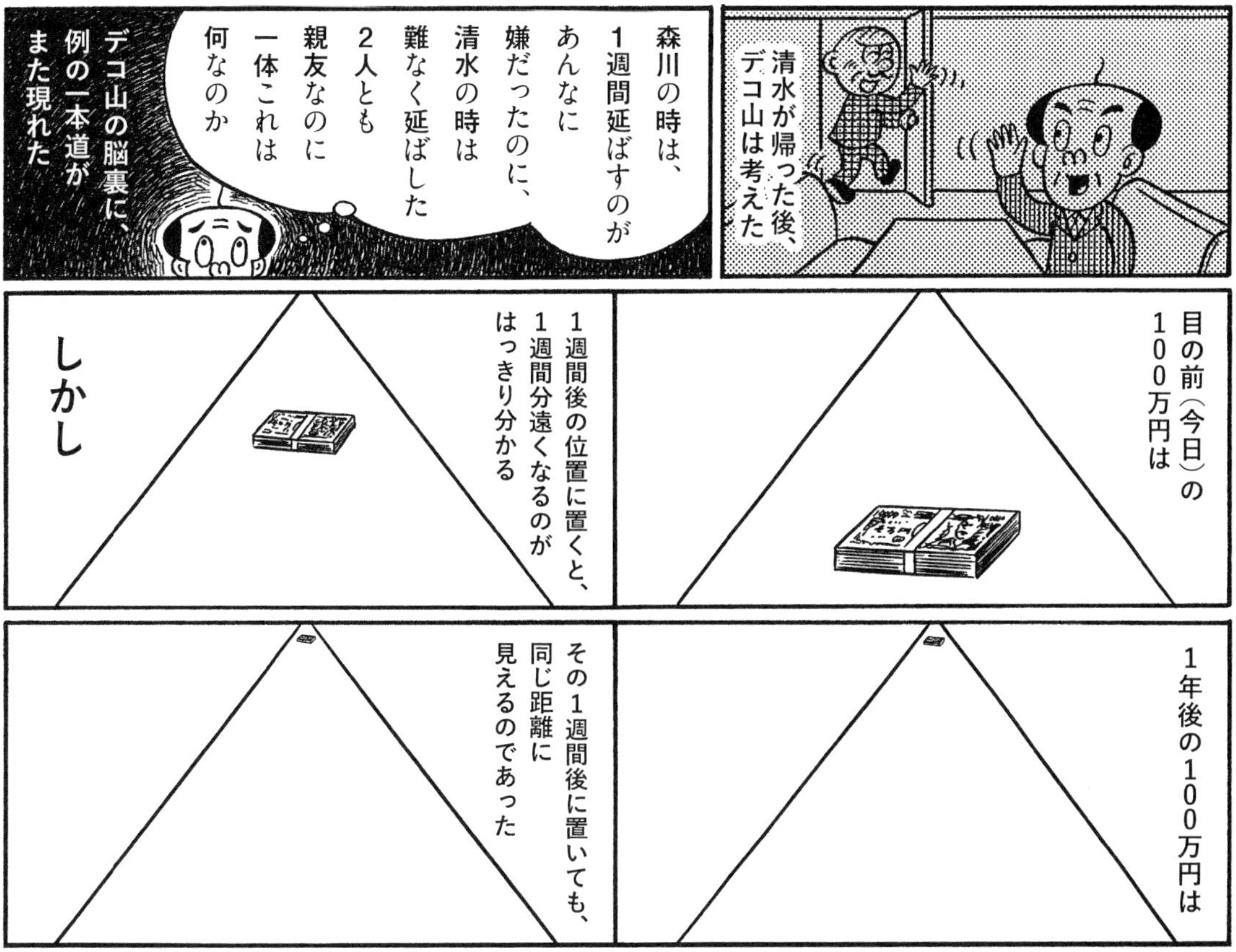
清水が帰った後、デコ山は考えた
森川の時は、1週間延ばすのがあんなに嫌だったのに、清水の時は難なく延ばした
2人とも親友なのに
一体これは何なのか
デコ山の脳裏に、例の一本道がまた現れた
目の前（今日）の100万円は
1週間後の位置に置くと、1週間分遠くなるのがはっきり分かる
しかし
1年後の100万円は
その1週間後に置いても、同じ距離に見えるのであった

自分《じぶん》との距離《きょり》が遠《とお》ければ、差《さ》を感《かん》じない
―双曲割引《そうきょくわりびき》

皆さんは、もし今、1万円を貰う方がいいか、1年後に1万円と1000円を貰う方がいいかと聞かれたら、どちらを選びますか？
多くの方は、今貰う方を選ぶのではないでしょうか。
今の1万円に比べて、1年後の1万円と1000円は、遠すぎてぼんやりした絵空事のように思えます。

作中のデコ山のぼるも、今日返済する100万円を1週間後に延ばしたいと言われた時は、たとえ1000円の利子が付いても、承諾できませんでしたが、1年後の返済日をさらに1週間延ばしてほしいと言われた時は、冷静に利子の分だけ得だと判断し、快諾していました。
どちらも延ばす期間は、同じ1週間にもかかわらず、「1年後と少し先」の違いよりも「今と少し先」の違いの方をかなり大きいと判断したのです。

このように、近い将来の変化の方が、遠い将来の変化に比べて大きいと感じてしまう心理傾向のことを、行動経済学では「双曲割引」と呼んでいます。

また、時間だけではなく、身近な親戚の出来事に比べ、遠い親戚への関心が薄くなることや遠く離れた日本から見る2㎞の差よりも、パリの中での2㎞の差を大きく感じてしまうように、親密さや物理的な距離に関しても、双曲割引と同じような効果が働いてしまうことがあるのです。

―人間とは、かくもヘンテコな生きものなり。

ヤッター

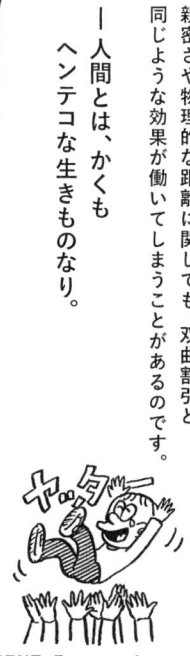

「ヘンテコノミクス」の漫画にはなっていませんが、行動経済学には興味深いテーマが数多くあります。ここからは、そのいくつかをご紹介します。

【サンク・コスト効果】

採算の合わない事業に対して、今後どうすべきかという意思決定をする際、これまで支払ってきたお金や時間、労力のことを気にするあまり、「せっかくここまで頑張ったんだから」とか「今までかけた費用がもったいない」とか「もう少し続ければ良くなるかも」などと、**事業を止められずにさらなる深みにどんどん陥ってしまう**ことがあります。

この時の、既に支払ってきた回収できないお金、時間、労力のことを経済学では「サンク・コスト（埋没費用）」と呼んでいます。そして、将来においても回収する見込みがまったく立たない場合でも、既に使ってしまった費用（サンク・コスト）に引きずられてずるずると非合理的な決定をしてしまう心理現象を「サンク・コスト効果」と呼んでいます。

例えば、5000円を支払ってバイキングのコースを頼んだ人が、お腹がいっぱいになっても「せっかく5000円も払ったんだから元を取らないと」とついつい食べすぎてしまったり、ネットオークションで入札を繰り返した挙句、予算を超えた金額まで上がってしまっても、断念できずに入札してしまうなど、私たちの身の回りにもサンク・コスト効果は潜んでいるのです。

【デフォルト効果】

私たちは、最初から設定されているデフォルトの状態、いわゆる「初期値」というものに、選択が左右されてしまうことがしばしばあります。

例えば、衆議院総選挙の際に行われる「最高裁判所裁判官国民審査」では、審査用紙に「やめさせた方がよいと思う裁判官については、その名の上の欄に×を書くこと」と書いてあります。

審査する私たちの側にしてみれば、知らない裁判官に意識的に否定の×をつけるのは、非常に心理的な負荷の高い、別の言い方をすれば「厄介な」行為です。そのため、実際には全く×を付けることなく、初めの状態のまま何もせずに投票してしまう人が多いと考えられます。このような**初期値からわざわざ変えようとしない心理現象**のことを、心理学や行動経済学の分野では「デフォルト（初期値）効果」と呼んでいます。

右記の国民審査においては、このような選択のさせ方が、これまで一度も罷免された裁判官がいないことの理由の一つだと言われています。

【フォールス・コンセンサス効果】

私たちは、当然のことですが、誰かとコミュニケーションをする際に相手の頭の中を覗くことができません。ですから、自分の経験や知識や推測力によって、相手の言葉や仕草から相手の考えを推量していくしかないわけですが、時として、そのような状況を忘れて「他人も自分と同じような判断をするはずだ」と思い込んでしまうことがあります。

例えば、ある食べ物を好きな人が、その食べ物を苦手な人に対して「えっ、苦手なの？ こんなに美味しいのに」と言ってしまうことがあります。人によって食べ物の好みが違うのは当たり前のことですが、美味しいという評価が主観的であることを忘れて、「この美味しさを分からない人はおかしい」と、独善的な気持ちまで沸き起こってしまうことがあります。

このように、自分の意見を一般的で適切なものであるとし、それ以外の判断をする人を非常識な人だと思い込んでしまうことを、フォールス・コンセンサス効果（偽《ぎ》の合意効果）と呼んでいます。

【ピーク・エンドの法則】

私たちは、過去のある体験を思い出す時に、その体験の中で**最も印象の強い瞬間と最後の終わった瞬間の印象を、平均してしまうという興味深い傾向があります。**この傾向のことを行動経済学では「ピーク・エンドの法則」と呼んでいます。

例えば歯医者に行って治療をしてもらう時に、すごく苦痛を感じた直後に治療を終える場合と、同じようにすごく苦痛を感じた治療の後に痛みの少ない治療をしてから終えるのとでは、後者のほうが治療時間が長いのにもかかわらず、苦痛の印象が和らぐことがあるのです。

【確実性効果】

まず始めに、次のAとBそれぞれから、「右」という文字を少なくとも1つ見つけ出してください。

A：左左左左左左左左左
左左左左左左左左左
左左左左左左左左左
左左左左左左左右左

B：左左左左右左左左右
左左右左左右左左左
右左左左右左左右左
左左右左右左左右左

Aからたった1つしかない「右」という文字を見つけ出すのは大変ですが、たくさん「右」という文字があるBから1つ「右」を見つけ出すのは当然ながら、とても簡単だったと思います。

このことから類推できるように、ほとんど完璧に近いものから不備を見つけ出し、さらに完璧（100％）に近づけることは、そうでない場合に比べて大変な労力を要します。しかし、実際の社会では、かなり高い市場シェアを自社製品が持っているにも拘わらず、その上の完璧の状態（100％）を目指すあまり、多額の投資をその上にしてしまうといったことが多々あります。冷静に考えれば、まだ未開拓の新しい市場に投資した方が、より少ないコストで成長が見込める可能性が高いのです。

私たちは、完璧さに対して過剰に反応するあまり、費用対効果を無視して100％にすることに固執してしまうことがあり、このような心のはたらきを「確実性効果」と呼んでいます。

【確証バイアス】

今からある規則で並んでいる数字を順番に3つ示します。その規則によると、次にどんな数字が入るでしょうか？

5 - 10 - 15 - (?)

おそらく多くの方は「5、10、15と5の倍数で来ている」と規則を見出し、「20」と答えたのではないでしょうか。もちろん、それは間違いではありません。しかし、答えはこれだけでしょうか？

例えば次に出てきた数字が「16」だったらどうでしょうか？実は、これも規則によっては、正解なのです。その時、この数字の並びには、「前の数字より大きい数字が来る」というかなり単純な規則が働いています。ですから、その規則の場合、16も17も18も233も正解になります。

しかし、私たちは通常、**まず直感で正しそうな答えを発見すると、その答えに飛びつき、さらには固執し別の答えの可能性を頭から排除**してしまいます。この思い込みのような判断の偏りは「確証バイアス」と呼ばれており、私たちの日々の判断に強い影響を及ぼすことがあるのです。

【決定回避の法則】

私たちは、スーパーで買い物をしたり、見るテレビ番組を決めたり、進学する学校を悩んだり、というように日常生活のあらゆる状況で、多数の物から1つを選ぶ「選択」という行為をしています。

このヘンテコノミクスでも、比較対象を作ることで積極的な選択を促す「おとり効果」(51ページ)や、極端な選択肢を避けて選択する「極端回避性」(63ページ)など選択をめぐる興味深い行動を取り上げてきました。

実は、これら以外にも、選択という行為にまつわる面白い行動はたくさんあります。その1つに、選択肢があまりに多すぎる場合に、選択することができなくなってしまうという「決定回避の法則」があります。コロンビア大学のシーナ・アイエンガー教授によるジャムの実験が有名です。

ある高級食料品店に、2ヶ所のジャムの試食コーナーを設けました。1ヶ所では6種類、もう1ヶ所ではなんと24種類もの試食ができます。試食した客には割引券を渡しました。試食に訪れた客は24種類の方が多かったのですが、試食後に割引券を使って購入した客は、6種類の方は30%だったのに対して、24種類の方ではわずか3%でした。

多数の選択肢を持つことは、一見、自由さの象徴のように思えますが、実際には多すぎる選択肢が生む迷いや戸惑いが、決断を遠ざけてしまうことがあるのです。

【少数の法則】

私たちは、統計学を専門としていなくても「信憑性の高い統計データを得るためには、数多くのサンプルが必要」ということを知っています。「大数の法則」と呼ばれているこの考え方は、統計の分野の最も重要な定理です。サンプル数が少ないと、偏った結果が出やすくなります。

しかし、時によって私たちは、**少ないサンプルによる偏った結果を、何故か正しいと思い込んでしまう**ことがあります。そのような心理的傾向を「少数の法則」と呼んでいます。

例えば、コインを投げて表か裏どちらが現れるかを当てるゲームをするとします。もちろん、確率的には裏も表も2分の1の確率で出るコインです。これまで「裏・裏・裏・裏・裏」と裏が5回連続で出たとします。

あなたは次に表と裏、どちらが出ると思いますか?

多くの人は、感覚的に「そろそろ次は表が出るかも」と推測したり、あるいは「このコインは裏が出やすいコインだ」と思ってしまいます。たった5回の試行で、そのように判断してしまうのです。しかし、コインの表と裏どちらが出るかは常に2分の1の確率で、直前の結果が次の結果に影響を及ぼすことはありません。私たちは、このようにわずかな前例だけで、偏った判断をしてしまうのです。

【プロスペクト理論】

プロスペクト理論とは、行動経済学者ダニエル・カーネマンとエイモス・トヴェルスキーによって提唱された、私たちが、実際どのように価値判断を行っているかを説明する理論です。この理論は、様々な行動経済学の考え方の基盤となっています。プロスペクト理論は、「価値関数」と「確率加重関数」という2つの考え方によって構成されています。

「価値関数」とは、次のグラフで表される価値判断の傾向です。グラフの中心を基準となる参照点として、横軸が判断する現象の価値（金額）を表します。そして縦軸が心理的な価値です。

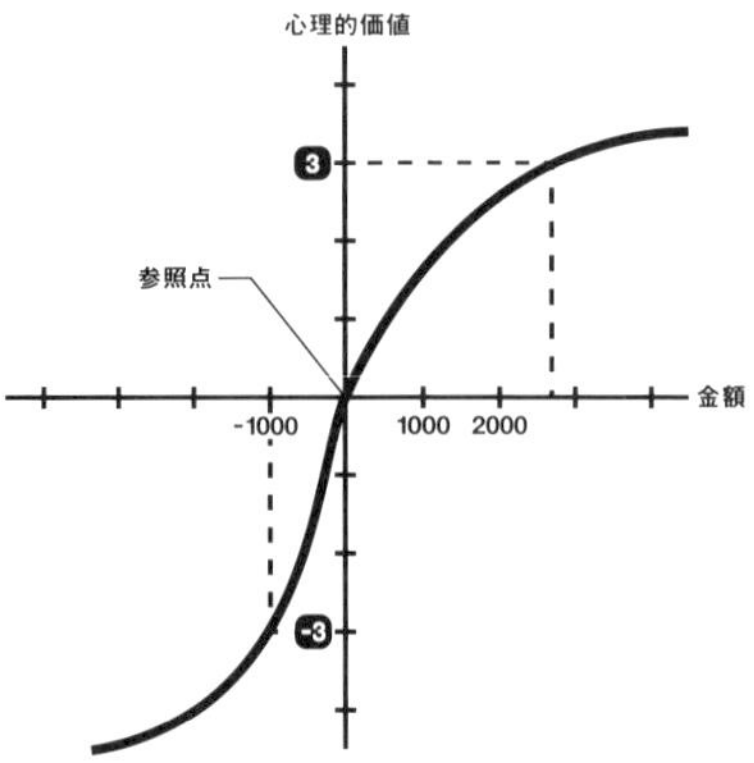

例えば2分の1の確率で勝敗が決まり、負けると1000円取られてしまうギャンブルがあるとします。あなたなら、勝った時にいくら貰えるなら、そのギャンブルに参加しようと思いますか？　ちょっと考えてみてください。金額は決まりましたか。おそらく2000円以上は貰えないと、ギャンブルに参加しようとは思わないのではないでしょうか。

つまり、私たちは同じ量の得と損を比較した時に、損の方を約2倍も重大に感じてしまう傾向があります。グラフを見ると、外れた場合の1000円の損失を－（マイナス）1000だとすると、価値は－（マイナス）3あたりになります。それを相殺する＋3の価値のところで金額を見ると、2倍の2000を超えていることが分かります。

一方の「確率加重関数」とは、発生する確率によってリスクを回避するか積極的に追求するか変化してしまうという考え方です。例えば、宝くじの1等当選確率は1000万分の1と言われており、極めて低い確率のものになります。しかし、私たちはそんなほとんど不可能と言っていいくらいの低い確率に対して「もしかして当たるかも」と実際よりも高く見積もってしまい、結果としてリスクを積極的に追求する行動をとることになってしまいます。

その一方で手術の成功率などの場合は、たとえ成功率が90％と言われても、残りの10％の失敗の可能性を気にしてしまいます。つまり、90％もある高い確率を低く見積もってしまっていることになります。

本来、確率というものは30％であれば30％以上でも以下でも無い、客観的なものですが、利得と損失が関わる状況になると、主観的な評価が入り非合理的な判断をしてしまうことがあるのです。

このように、ここでは紙面の都合上一部しか解説できませんが、プロスペクト理論には、本書で紹介した様々な行動経済学の考え方の基礎が詰まっています。

【利用可能性ヒューリスティック】

ニュースを見ていて、たまたま飛行機の大きな墜落事故があったとします。非常に大きな事故なので様々なニュースで頻繁に取り上げられます。そして、強く頭に刻み込まれます。その結果、飛行機が事故に遭う確率は、現実的には非常に低いことを知っていたとしても、直後の出張や旅行の際、飛行機に乗ることを、それとなく避けてしまうことがあります。

このように、私たちは、ある物事が起きる可能性を判断する際に、**たまたま自分がそれ以前に見聞きして頭に思い浮かべやすかった事柄に影響される**ことがあります。

自分が思い出しやすい記憶、言い換えると、利用可能な記憶による直感や印象だけで物事を歪んで判断してしまうことを、行動経済学では「利用可能性ヒューリスティック」※と呼んでいます。

※ヒューリスティックとは「直感的判断」という意味です。

【ナッジ】

今やインターネットには、行動経済学の知見を使ったノウハウがあふれています。いかに人の関心を引き、ある選択まで誘導するかといったことは、どんなビジネスでも有効な知見です。

これまで、この本で紹介してきた行動経済学の様々な考え方は、人間が現実社会でいろいろな価値判断をする際に現れてしまう、非合理的な側面を見過ごさず解説しています。

ヘンテコノミクスでは、それによって起こるミスなどを漫画として面白おかしく描いていますが、もし、日々の暮らしの中で起こってしまうミスを、少しでも減らすことができるのならば、もう少し暮らしやすくなるかもしれません。

行動経済学者リチャード・セイラーは、行動経済学によって得られた知見は、**普段の生活の中で、非合理的な行動を起こしそうな時に、人を肘でそっと小突いて知らせる（nudge：注意をひくために、私たちをナッジ）するためのもの**になっていくべきだという考え方を示しています。

今後、行動経済学は、研究がさらに進むことによって、お金儲けのノウハウだけでなく、ストレスや不正、非合理的な損といった、私たちの心が生み出していた見えない問題を解決し、より良い社会を作るために活用されていくと思われます。

参考文献

アルフィ・コーン／田中英史（翻訳）『報酬主義を超えて』（法政大学出版局）

ダニエル・カーネマン／村井章子（翻訳）『ファスト＆スロー』
（早川書房／ハヤカワ・ノンフィクション文庫）

Gneezy, U. and A. Rustichini. 2000. “A Fine is a Price.”
The Journal of Legal Studies 29(1):1-17.

ダン・アリエリー／熊谷淳子（翻訳）『予想どおりに不合理』
（早川書房／ハヤカワ・ノンフィクション文庫）

ハワード・S・ダンフォード『行動経済学の基本がわかる本』（秀和システム）

友野典男『行動経済学～経済は「感情」で動いている』（光文社／光文社新書）

マッテオ・モッテルリーニ／泉典子（翻訳）『世界は感情で動く』（紀伊國屋書店）

マッテオ・モッテルリーニ／泉典子（翻訳）『経済は感情で動く』（紀伊國屋書店）

R Kivetz, O Urminsky, Y Zheng, 2006.
“The Goal-Gradient Hypothesis Resurrected : Purchase Acceleration,
Illusionary Goal Progress, and Customer Retention” - Journal of Marketing Research

Asch, S.E. 1955. “Opinions and Social Pressure” - Scientific American 193(5), 31-5

イソップ／中務哲郎（翻訳）『イソップ寓話集』（岩波書店）

レオン・フェスティンガー／末永俊郎（翻訳）『認知的不協和の理論―社会心理学序説』（誠信書房）

小坂井敏晶『社会心理学講義－〈閉ざされた社会〉と〈開かれた社会〉』（筑摩書房 / 筑摩選書）

菊池寛『菊池寛　短編三十三と半自叙伝』（文藝春秋）

中原中也『在りし日の歌―中原中也詩集 』（ 角川書店／角川文庫クラシックス ）

センディル・ムッライナタン＆エルダー・シャフィール／大田直子（翻訳）
『いつも「時間がない」あなたに　欠乏の行動経済学』（早川書房 / ハヤカワ・ノンフィクション文庫）

シーナ・アイエンガー／櫻井祐子（翻訳）『選択の科学』（文藝春秋／文春文庫）

リチャード・セイラー／篠原勝（翻訳）『セイラー教授の行動経済学入門』（ダイヤモンド社）

リチャード・セイラー、キャス・サンスティーン／遠藤真美（翻訳）『実践 行動経済学』（日経BP社）

写真 植田めぐみ（p26）中島慶子（p20、p38）

50ページのクイズの答え

「可能」です。なぜなら、教授は女性だったからです。迷ったり悩んだりしてしまった人は、「教授」という肩書きだけで勝手に男性というイメージを持ってしまったのではないでしょうか。このように、代表性ヒューリスティックが働いてしまったために、先入観を持った解釈をしてしまうことがあるのです。

無人島に
流されて
早3日…
おっ何か
流れて
きた！
行動経済学…

あとがき

そうだ！　サザエさんをやればいいんだ

佐藤雅彦

かつて慶應義塾大学の湘南藤沢校舎、通称ＳＦＣに、知る人ぞ知るひとつの研究室があった。

その名も「佐藤雅彦研究室」と言う。後に、ピタゴラスイッチ（ＮＨＫの教育番組）の名物コーナーであるピタゴラ装置やアルゴリズム体操などの企画や制作で多少有名になるその研究室は、約二十年前の当初、訳の分からない研究をしていることで学内では名を馳せていた。その訳の分からない研究を強力に推進している研究生のひとりに、認知科学的アプローチを表現に対して果敢に行っている、知的なくせに、これまたよく分からない学生がいた。その名を菅《すげ》俊一と言う。

◆◆◆

「新入社員ですか」

「いや、こいつ二年目なんです」と、先輩のデザイナーから紹介されたその二年目は無愛想に立っていた。約三十年前の、とある広告代理店での出来事である。話しかけても、長く続かない。しかし、いったん、企画を出すと、明らかに誰のものとも違っていた。独特のギャグセンス、非常識にも見えるギリギリの危うさ。更に、それに自ら絵をつけてもらうと、当初ははずれも多かったが、当たった時の手応えは尋常ではなかった。「バザールでござーる」のアートディレクションをアシスタントとして担当しだした頃の高橋秀明《しゅうめい》である。その後、すぐに一本立ちし二十数年間に亘って、ＮＥＣのキャラクターの「バザールでござーる」の制作を佐藤雅彦を始めとしたスタッフと共にすることになる。最近は、そのキャラクターの姿を見ないとお思いかもしれないが、実は根強い人気を誇り、毎年作るカレンダーは、今でも壁掛けだけで十数万部、卓上カレンダーに至っては三十万部近く印刷され、実は、陰の大ベストセラーを二十年以上に亘って静かに誇っている。「バザールでござーる」の愛らしくも知的で破壊的なユーモアは、今や高橋秀明が大きく担っている。そのギャグセンスと画力は近年とみに展延し、止まることを知らない。そして、その高橋の描くギリギリなラフ案を睨《にら》み、その凄さに呻《うな》りながらも、いつか、いっしょに絵本を作れないものだろうかと密かなる想いを強めてきた佐藤雅彦がいた。

◆◆◆

「菅さん、いっしょに作り上げた『差分』（美術出版社・2009年）は、とても大変だったけど、充実した日々でしたね」

「はい、『差分』は、みんなからも、とても面白いとよく言われます」

「『差分』のように、ずっと緊張を持って続けられる面白いテーマを探してみませんか」

「やりましょう！」

三年半前の平成二十六年四月のことである。菅俊一は、玩具メーカーに研究員として就いたのち、現在は多摩美術大学の講師をしている。

それから、後の原作チームになる佐藤・菅は、今、やるべき面白いテーマは何かということを話し合った。実は、その早い段階に、この行動経済学のエピソードが菅から出ていた。

「先生（菅は大学で五年間、佐藤から教わったため、いまでも先生と言ってくれる）、空腹の時、同じようなレストランが目の前に二軒あったとします。食べログなどの情報が一切なかったとします。見ると、一軒には入り口にいくつかの椅子が並べられ、もう一軒には、椅子はありません。どっちに入りますか？」

従来の経済学と自分たちの日常の行動との乖離《かいり》はやむを得ないと諦めに近い気持ちを持っていた二人にとって、行動経済学は、知れば知るほど、魅力的だった。それから、一年半、二人は二週間に一回の割合で定期的に集まり、行動経済学の事例や原理を研究した。

後の「ヘンテコノミクス」の根幹である行動経済学をテーマとして見いだしたのは菅の功績に他ならない。日頃から世の中の仕組みを見つめる菅の眼差しのユニークさと考察の力に佐藤は内心、感服し期待も寄せていた。

しかし、それからが長かった。行動経済学をいつまでも純粋に研究するのは楽しかったが、自分たちの使命は何かと考えると、行動経済学をなんとか新しい表現方法に結びつけるということであった。

「菅さん、では展覧会を作ったら、どうだろう。新近効果やデフォルト効果など、行動経済学の考え方をひとつひとつ展示作品にするんです」

「なんか良さそうですね」

「そして、入場する時に仮想のお金、多分プラスティックのコインになるだろうけど、それを一定分、鑑賞者に渡して、作品を体験する時に、実際にそのお金を使ってもらうんです」

「それは、面白そうですね」

「でも菅さん、展覧会だと体験する人数が限られるし、未来に残らないですね」

「広い場所も、制作費も膨大にかかりそうですね」

「そうですね……」


時には、次のような会話がなされたこともあった。

「芝居を作ったら、どうだろう？」

「それなら、行動経済学のいろんなエピソードが盛り込めますね。でも、そんな舞台、わざわざ観に来てくれますかね」

「しかも、箱を押さえるとか、役者のオーディションとか、気が遠くなりますね……」

またある時は、

「行動経済学を通奏低音のように引いた映画はどうだろう？」

またある時は、

「ドラマはどうだろう？」

こんなふうに、行動経済学というテーマは決まっても、表現形態の模索は延々と続き、佐藤・菅の次なる活動は、消えていく可能性を徐々に高めていった。そして、二人の間に、諦めのすきま風が吹き出した一昨年（2015年の夏）のことである。いつものように、現実味を帯びないアイデアが佐藤から出た。

「行動経済学で扱っている内容が、買い物とか食事とか一般の人が日常やっていることばかりなので、いっそ、行動経済学がバックグラウンドになった脚本を作って、サザエさんのアニメーションを作っている人たちに、どうぞこれを使ってくださいと、プレゼンテーションしてみるっていうのはどうでしょうか？」

「アニメのサザエさんですか?! うーん……、確かに、サザエさんには、行動経済学が自然と入り込むシチュエーションがたくさんありそうですね」

「カツオやワカメがおもちゃを買ったり、サザエさんがおかずを買ったりする場面が自然に描けそうだし、サザエさんの原作チームはネタに困ってるんじゃないかな」

勝手なものである。しかし、佐藤・菅は自分たちの想像が自分勝手なことになかなか気づかない。本気で、サザエさんのアニメーションを企画しているチームと連絡を取りたいと考えていた。だが、伝《つて》は皆無だし、たとえ万が一の幸運に恵まれ、サザエさんの制作チームにプレゼンテーションできたとして、果たして、採用になるだろうか……。

やっと二人に常識というものが芽生えだした。しばらく沈黙が続いた。でも、諦めきれない二人は、まだぶつぶつとつぶやいていた。

「日曜日の夕方6時半から始まるアニメで、サザエさんがまんまとおとり効果に嵌まり、変な商品を買ったら、視聴者のみんなも共感し、それからは気をつけるだろうな」

「マスオさんが、ランチを食べる食堂で極端回避性を見せてくれたら、視聴者に自分たちが取っている行動の原理が分かってもらえるのに」

「カツオとワカメが、感応度逓減性を使って、気を大きくした父さんの波平からお小遣いの値上げを引き出したら笑える」

「お母さんのフネがメンタルアカウンティングによって、お金の額の如何《いかん》に依《よ》らない判断をしたら、それこそ視聴者の共感を呼ぶだろうに……」

実行に移せないのに、アイデアばかりはどんどん出てくる。

「あー、ほんとにサザエさんの制作チームにプレゼンできたらいいのに」

原稿料も、名前のクレジットもいっさい要らないから、サザエさんでやってくれないものだろうか。二人には、もうサザエさんしかないという純粋で一途な気持ちしかなく、勝手に、しょげかえっていた。

「いや、待てよ」


そんな時、突然、佐藤の頭にあることが閃いた。

僕らで、サザエさんをやればいいんだ！

そうなのだ。買い物があったり、デートがあったり、部活があったり、食事があったり、そんな日常生活に溢れている物語を漫画でやれば、この行動経済学は、そこにうまく入り込めるに違いない。「サザエさん」は、市井の人々の象徴だったわけなのである。「おそ松くん」でもいいわけなのだ。でも、どうして自分たちで漫画を作るという発想になかなかいかなかったのか。理由は簡単である。佐藤も菅も普通の漫画を作った経験がなかったし、能力として漫画を描くことができなかったのだった。


自分たちでサザエさんをやるんだという強い意志の下、佐藤・菅の取った次の行動は、自分たちの思いを漫画にしてくれる漫画家の選定であった。二人とも、漫画家に親しい知り合いは皆無である。普通なら大いに迷うはずのこの状況で、佐藤は菅に静かに切り出した。

「ひとり思い当たる人物がいるんです。漫画は間違いなく初めてだけど、このプロジェクトに世界中で一番適していると思う」

佐藤の有無を言わせない言い方に、菅は、まだ見ぬその人物の筆致を感じていた。

「もしもし、高橋さん？ 佐藤雅彦です。久しぶりです。実は、こんなお願いが聞いてもらえるかどうか分からないで電話してるんですけど……」

「あっ、佐藤さん、お久しぶりです。どういうことですか？」

「あのー、漫画を描いてもらいたいんです。これから、おそらく雑誌社にプレゼンテーションするようになると思うんですけど、試作をまず描いてもらえないでしょうか。万が一、やるとなると、一年間くらいの連載になるんですが」

「佐藤さん、佐藤さん、あの、僕、漫画描いたことないんですけど、ほんとに、いいんでしょうか？」

「是非、お願いします！ でもまだプレゼン前なんで、無くなることも大いにありえるんですけど」

「でも、やりたいです」

「いっしょにがんばりましょう」

◆◆◆

こんないきさつで、漫画を作るのが初めての三人が集まったのでした。さて、その結果はどうだったのか。それは、みなさんがよく知っていることと思います。そうです、その結果は、みなさんが、いままで見た漫画『ヘンテコノミクス』として、ここにあるのです。

　僕たち三人にとっては、夢中になって作ってきた二年間でした。

　こんな漫画制作が全員初めての僕らを引っ張ってくれたのは、ブルータス編集部の矢作《やはぎ》雄介さんでした。さぞかし、大変なことだったと思います。掲載半年前から始まったヘンテコノミクス会議は毎週続き、矢作さんの、のんびりとしているのにキチンとしている作業の進め方が功を奏して、なんとか一年間の連載を無事終えることができました。実は、矢作さんも漫画の編集は初めてで、初心者四名が四苦八苦した二年間でした。ブルータスの名物編集長の西田善太さんもプレゼンで試作案を見た途端、「来月からやりましょう」という決断を下すほど、評価してくれました。「ら、ら、来月は、とても無理です。始めるまでに一年ください。連載に穴をあけないためにも、半年分くらいは作りためておきたいのです」「いや、これは一年は待てません。来年の四月から開始しましょう」。結局、スタート時には四ヶ月分くらいしか貯金は貯まらず、不安いっぱいの船出であったが、西田さん、矢作さんの力でやり通すことができました。連載を決めてくれたこと、謙遜ではなく事実として未熟な三人を引っ張って最後までやり遂げさせてくれたこと、あとなによりもこの「ヘンテコノミクス」を面白いと真から思ってくれたことに対して、心から感謝いたします。矢作さん、ひやひやの連載期間だったと思いますが、僕らは、一緒にできて、本当に楽しかったです。ありがとうございました。

それと、書籍化にあたり、強力なメンバーが登場してくれました。瀬谷由美子さんです。瀬谷さんを我々に当ててくれた鉄尾周一編集長は、編集部一の頑張り屋さんと言いました。その言に偽りはなく、毎週続く「ヘンテコノミクス」の書籍化打ち合わせを常にちょうどよい力で引っ張ってくれ、優しい声で話す内容は無駄がなく、よい本を作るんだという静かな意思を私たちに感じさせ続けてくれました。こんな時代にこんな純粋さを持っている瀬谷さんにいつも感激をしていた書籍化の一年半でした。瀬谷さん、ほんとにお世話になりました。毎週週末に行っていた打ち合わせがなくなることが三人、とてもさみしいです。無知さから無謀なことを提案してしまう我々に、穏やかで力のある瀬谷さんを組み合わせてくれた鉄尾さんにも心から感謝いたします。

◆◆◆

あの時、本気でサザエさんの制作チームを探し当てて、プレゼンしてたら、どうなっていたのでしょうか。今では、笑い話にしかなりませんが、このようにあまりに紆余曲折すぎる過程を経て、この「ヘンテコノミクス」は生まれたのです。そして、１９５４年生まれの佐藤、１９６４年生まれの高橋、１９８０年生まれの菅という年代的にバラバラな三人が集まったのは、こんないきさつからなのでした。

このヘンテコノミクスが生まれた道程を、あとがきとさせていただきたいと思います。テーマを探しそれを深めた過程、どのような表現にするのか悩み抜いたメディアデザイン、そして、同志の見つけ方——「作り方を作る」ということを長年、標榜してきた私にとって、この道筋が、あとがきとして皆さんに一番伝えたいことでした。今後、いろんな分野において、何かを作ろうとしているだろう読者のみなさんに、幾ばくかの示唆を、もし与えることができたとしたら、こんなにうれしいことはありません。

また、いずれ、どこかでお会いしましょう。

ヘンテコノミクスの活動は、これにて終了いたします。

２０１７年10月　三人の作者を代表して

佐藤雅彦

佐藤雅彦（さとう・まさひこ）

1954年、静岡県生まれ。東京大学教育学部卒。慶應義塾大学教授を経て、現在、東京藝術大学大学院映像研究科教授。主な著書に『経済ってそういうことだったのか会議』（竹中平蔵氏との共著・日本経済新聞社）、『差分』（美術出版社）、『考えの整頓』（暮しの手帖社）、『新しい分かり方』（中央公論新社）ほか多数。また、ゲームソフト『I.Q』（ソニー・コンピュータエンタテインメント）や、慶應義塾大学佐藤雅彦研究室の時代から手がけている、NHK教育テレビ『ピタゴラスイッチ』、『考えるカラス』など、分野を越えた独自の活動を続けている。平成23年芸術選奨受賞、平成25年紫綬褒章受章、2014年カンヌ国際映画祭短編部門招待上映。

菅俊一（すげ・しゅんいち）

1980年、東京都生まれ。慶應義塾大学政策・メディア研究科修了。多摩美術大学美術学部統合デザイン学科専任講師。著書に「差分」（美術出版社）、「まなざし」（ボイジャー）、「観察の練習」（numabooks）。ほかにも、NHK教育テレビ「2355/0655」ID映像や、21_21 DESIGN SIGHT「単位展」コンセプトリサーチ、「アスリート展」展示ディレクターなど、人間の知覚能力に基づく新しい表現を研究・開発し、社会に提案することを活動の主としている。http://syunichisuge.com

高橋秀明（たかはし・しゅうめい）

1964年、石川県生まれ。アートディレクター・クリエイティブディレクター。金沢美術工芸大学商業デザイン学科卒業後、電通に入社。ユニクロ「ニット」、映画「大日本人」、明治「ミルクチョコレート」「キシリッシュ」、Hondaアコード「セダン愛」、キリン氷結「あたらしくいこう」など数々の広告キャンペーンを担当。ACC賞、朝日広告賞、毎日広告デザイン賞、日経広告賞、NYADC賞、スパイクスアジアなどを受賞。

本書は、「BRUTUS」821号（2016/4/15）～「BRUTUS」843号（2017/4/1）連載の「ヘンテコノミクス」を加筆修正し、大幅に書き下ろしを加えてまとめました。

行動経済学まんが

ヘンテコノミクス

2017年11月16日　第1刷発行
2018年2月20日　第5刷発行

著者　**佐藤雅彦**
　　　菅俊一
　　　高橋秀明

発行者　石﨑孟
発行所　株式会社マガジンハウス
〒104-8003　東京都中央区銀座3-13-10
受注センター　☎049-275-1811
書籍編集部　☎03-3545-7030

印刷所　凸版印刷株式会社
製本所　牧製本印刷株式会社

マガジンハウスのホームページ http://magazineworld.jp/

ISBN978-4-8387-2972-2　C2033